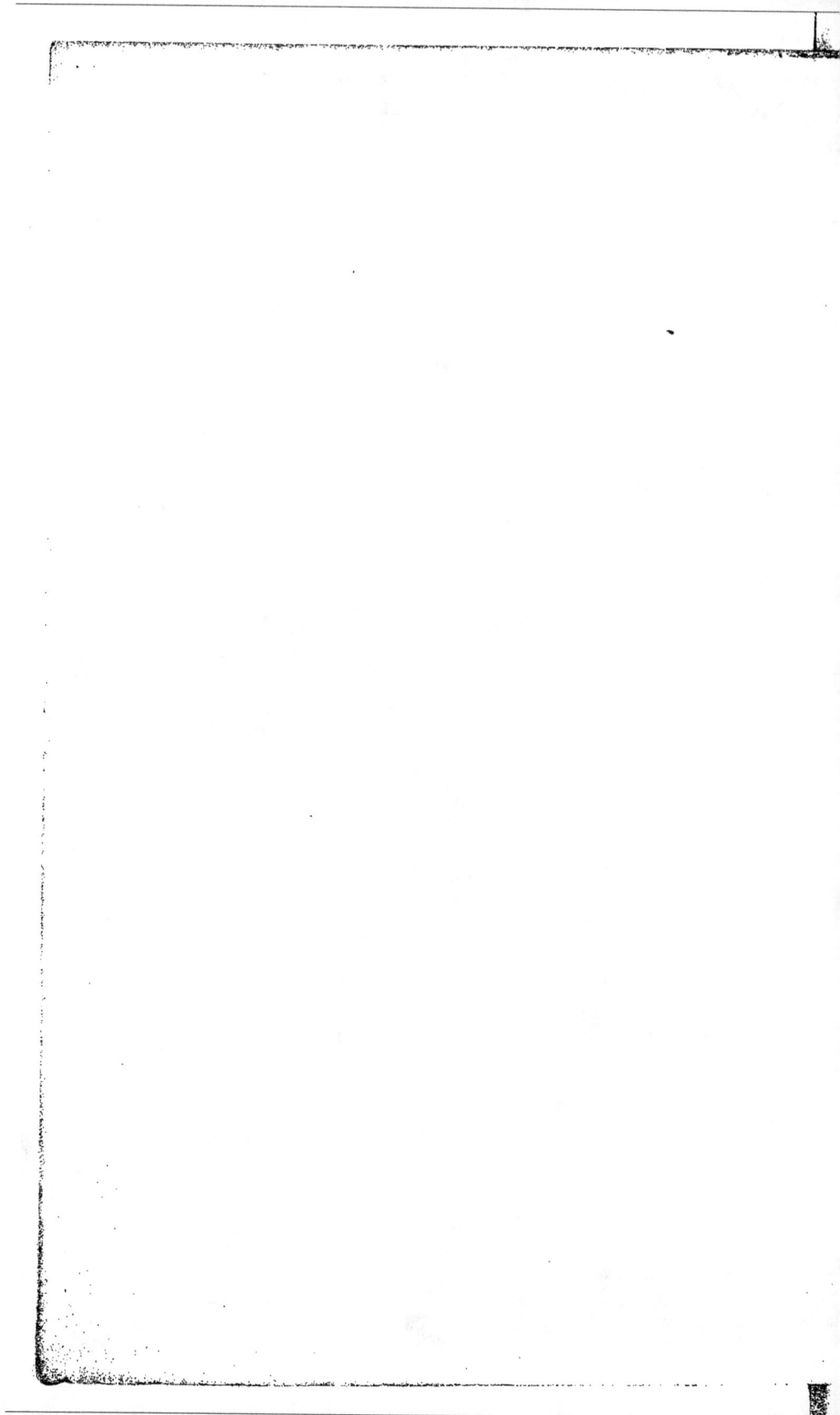

LES RÉFUGIÉS DE LA ROUMÉLIE EN 1878.

RAPPORT

Présenté

AU CONSEIL INTERNATIONAL

DE SANTÉ

PAR

LES DOCTEURS MORDTMANN, GABUZZI ET STÉCOULI,

INSPECTEURS SPÉCIALEMENT CHARGÉS DU SERVICE

DE L'ÉMIGRATION

CONSTANTINOPLE

TYPOGRAPHIE ET LITHOGRAPHIE CENTRALES

1879

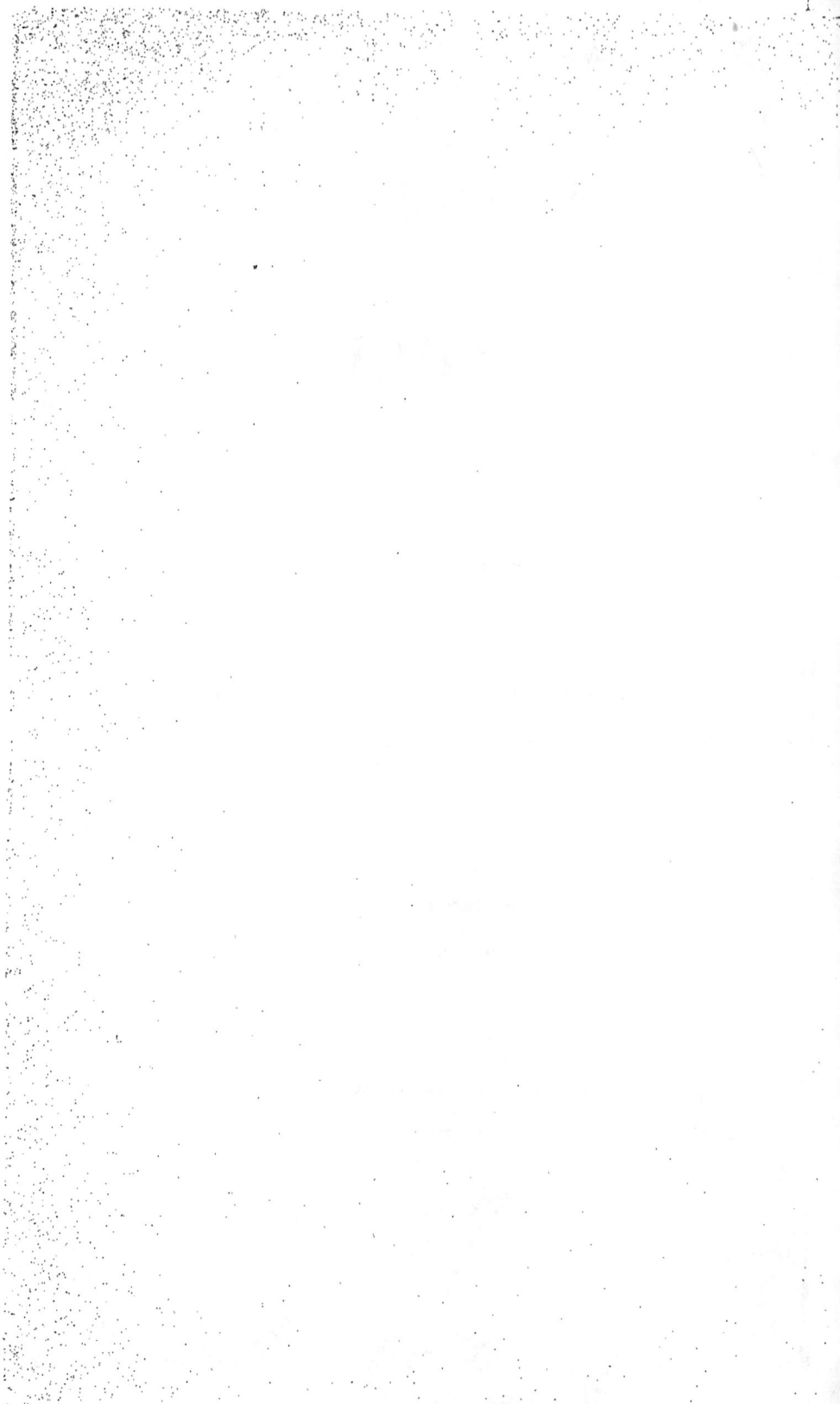

LES RÉFUGIÉS DE LA ROUMÉLIE EN 1878.

RAPPORT

Présenté

AU CONSEIL INTERNATIONAL

DE SANTÉ

PAR

LES DOCTEURS MORDTMANN, GABUZZI ET STÉCOULI,

INSPECTEURS SPÉCIALEMENT CHARGÉS DU SERVICE

DE L'ÉMIGRATION.

CONSTANTINOPLE

TYPOGRAPHIE ET LITHOGRAPHIE CENTRALES

1879

LES RÉFUGIÉS DE LA ROUMÉLIE EN 1878.

RAPPORT

PRÉSENTÉ

AU CONSEIL INTERNATIONAL DE SANTÉ

PAR LES DOCTEURS MORDTMANN, GABUZZI ET STÉCOULI.

MESSIEURS.

Nous avons peut-être tardé à nous présenter devant vous pour vous soumettre notre rapport sur nos inspections respectives, mais des obstacles involontaires en ont été la cause. D'ailleurs, nous ne pensons pas devoir regretter ce retard, car nous avons mis à profit le temps écoulé pour suivre avec attention la situation des réfugiés, nous mettant ainsi plus à même de vous offrir un tableau fidèle de l'ensemble de l'émigration depuis son origine jusqu'aujourd'hui, cette grande question touchant pour ainsi dire à sa fin.

Nous avons donc l'honneur de vous soumettre notre travail qui a pour base d'abord tout ce que nous avons pu constater par nous-mêmes, pendant la durée de nos fonctions, et ensuite les documents que nous avons pu recueillir de tous côtés, ne négligeant aucune source d'information pour être exacts et vrais.

Notre rapport étant surtout destiné à vous donner des détails sur l'état sanitaire des réfugiés, pendant notre service, le chapitre traitant cette question devrait précéder tous les autres. Mais comme un ensemble de causes ont concouru à rendre l'état sanitaire des réfugiés tel que nous le décrivons, nous avons dû traiter la matière successivement dans l'ordre suivant :

1° Le récit de l'émigration.

2° L'installation des réfugiés dans les trois circonscriptions de la capitale.

3° L'état sanitaire.

4° L'organisation du service des secours.

5° Comme chapitre final, le repatriement des réfugiés et leur état actuel.

Nous n'avons rien épargné pour rendre notre travail fidèle et, pour ainsi dire, donner l'expression exacte de ce que nous avons observé pendant l'épouvantable crise que nous venons de traverser.

Toutefois, nous devons avouer que les renseignements auxquels nous avons eu recours, pour faire un rapport aussi complet que possible, ne reposent pas sur des chiffres d'une exactitude indiscutable. Nous avons pour excuse, d'abord le désordre profond qui a régné dans l'administration, pendant cette période de l'émigration, et qui a mis même la commission centrale dans l'impossibilité de connaitre exactement le nombre des réfugiés, celui des décès et autres détails, et ensuite, cette autre considération que le repatriement n'étant pas encore achevé les différentes commissions n'ont pas encore pû donner leurs statistiques.

Cependant, le Conseil peut considérer comme vrai ce que nous donnons en moyenne des chiffres ; ils sont approximativement aussi près de la réalité que possible, ils suffiront donc pour que le Conseil puisse constater les résultats de la mission dont il nous avait honorés et saisir le tableau d'ensemble de l'émigration.

Nous avons traité dans un chapitre supplémentaire la désinfèction des mosquées et autres lieux publics occupés par les réfugiés, et nous avons l'honneur d'ajouter au présent rapport un tableau synoptique et graphique, suivi d'une liste du personnel médical qui s'est voué au service des émigrés. Des rapports spéciaux, qui traitent en détail des trois inspections, vous ont été présentés et complètent, pour ainsi dire, notre présent travail d'ensemble.

I.

L'Émigration.

A la suite de la guerre en Roumélie, qui, espérons-le, aura pour résultat final une nouvelle ère de paix et de prospérité durable parmi les populations qui en ont tant souffert, un phénomène s'est produit dont on trouvera difficilement le pareil dans les annales des nations.

Des masses de population, hommes de tout âge, femmes et enfants, fuyaient affolées, la plupart vers la capitale pour y chercher un refuge, se croyant menacées de la vie, abandonnant biens et patrie, sans moyens de subsistance, laissant le long du chemin de nombreuses victimes de la faim, de l'épuisement et du froid d'un hiver exceptionnellement rude.

Il n'entre pas dans le cadre qui nous appartient de tracer l'historique complet des causes et des effets d'un si grand malheur, notre rôle devant se borner à mettre en relief l'empressement du public, gouvernement, sociétés philanthropiques et particuliers hommes de cœur, pour concourir ensemble au soulagement de tant de misères.

Le gouvernement mit en œuvre toutes les ressources dont il pouvait disposer pour recevoir les réfugiés à Constantinople et dans les provinces, et pour leur donner les secours que reclamait leur affreuse situation. A la gare de Stamboul, de hauts dignitaires, des généraux, des aides-de-camp de S. M. des fonctionnaires respectables, assistaient tous les jours à l'arrivée des trains, pour faciliter la distribution des émigrés dans les différents locaux disponibles à ce moment. Il faut rendre ici un éclatant hommage à la garde civique, dont le zèle et l'infatigable dévouement ne se sont pas un instant démentis ; à toute heure du jour et de la nuit, ils étaient là ces admirables soldats du devoir, prêts à tous les sacrifices, patients, compatissants aux souffrances et même aux exigences des réfugiés. Ils ont bien mérité de l'humanité.

Il y eut alors, il faut le dire, dans tous les pays sans distinction de races ni de religions, en Angleterre, en Russie, en France, en Allemagne, en Turquie, dans l'Inde et partout où il y a des hommes, un grand élan de cœur, sincère et spontané, à nous venir en aide et qui fait honneur.

Mais pour régler et organiser la distribution des dons épars, envoyés des quatre coins du monde, il fallait créer de toutes pièces des services entiers, improviser des administrations compliquées, faire tout là où il n'y avait rien.

Le gouvernement lui-même, surpris par la brusque arrivée de 200,000 réfugiés, ne pouvait du premier coup parer à toutes les éventualités d'une situation exceptionnellement difficile et en dehors de toute prévision.

Il a fallu donc combiner les efforts de l'assistance publique ottomane, avec les secours envoyés du dehors par la philanthropie européenne, pour atteindre par tous ces moyens d'action réunis ensemble un résultat efficace.

C'est à cette tâche pénible que se dévouèrent les différents comités dont nous parlerons plus loin, et au dévouement desquels nous sommes heureux de pouvoir rendre hautement justice.

Résumons succinctement le récit de l'émigration.

Lors de la guerre de Serbie, de l'insurrection bosniaque, des troubles en Bulgarie, plusieurs centaines de familles avaient quitté leurs foyers pour venir s'installer à Constantinople et dans quelques autres villes de la Turquie d'Europe. Mais les premiers courants sérieux d'émigrés vers la Roumélie méridionale sont partis de la Bulgarie après les affaires de Kézanlik, d'Eski-Zagra et de Yéni-Zagra ; ils se composaient en grande partie d'israélites de pomaks et d'autres races, et se dirigeaient sur Andrinople.

Bientôt, à mesure que se développaient les événements dans les Balkans, de grandes concentrations d'émigrés s'opéraient à Hadem-Keuy, à Tchorlou, à Philippopoli, à Tatar-Bazardjik, à Tirnovo, et alors des populations, poussées par la frayeur, prirent d'assaut les voitures du chemin de fer éparses sur les lignes, et bon gré mal gré, pour ne pas les laisser périr de faim et de froid, l'exploitation des chemins de fer dut les faire transporter à Andrinople.

Cette ville, dernier rempart à ces moments de l'armée ottomane, était encombrée de troupes et de convois d'artillerie ; l'arrivée incessante de ces bandes fugitives, affluant par toutes les routes et apportant dans Andrinople, avec un surcroît de population, des germes de maladies contagieuses, décida le gouvernement à ordonner l'évacuation des réfugiés sur Constantinople, où il aurait été possible de leur donner des soins et de régler leur sort.

C'est alors que la compagnie des chemins de fer organisa ce qu'on a appelé les trains d'émigrés, qui, pendant deux mois, sans relâche, amenèrent à Constantinople et à Dédé-Aghatch 200,000 âmes. La statistique a relevé 169,240 réfugiés transportés d'office et enregistrés sur les livres de la compagnie. A ce chiffre il faut ajouter une multitude innombrable de malheureux recueillis précédemment, comme nous l'avons dit plus haut, pour débarrasser les voies ferrées ; mais outre cette masse compacte, plusieurs milliers d'hommes ont afflué dans la capitale, soit à pied, soit sur des chariots, avec leurs femmes et leurs enfants.

C'est ainsi que si on voulait évaluer, par un chiffre rond, l'ensemble du mouvement d'émigration pendant et après la guerre, le total des réfugiés dépasserait 500,00 . Et en effet, 300,000 ont passé par la capitale, chiffre approximatif donné par la commission centrale ; 50,000 se sont embarqués à Rodosto allant vers l'Asie ; 50,000 également ont émigré par Dédé-Aghatch ; et plus de 100,000 ont pris la voie de Bourgas, de Varna et autres ports de la mer Noire, pour se diriger vers Samsoun, Sinope, Trébizonde etc.

Qui ne se rappelle l'arrivée du premier train d'émigrés à la gare de Stamboul ? C'était par une affreuse journée d'hiver, il neigeait et pleuvait alternativement, lorsque le convoi arriva au milieu d'une foule anxieuse. C'était un spectacle navrant : sur les toits des wagons, depuis la locomotive jusqu'à la dernière voiture, s'étendait un grand linceuil de neige recouvrant ces masses humaines ; les plus heureux étaient parqués dans des wagons à moutons. Le débarquement se faisait à grande peine. Du fond des voitures on tirait par ci par là un cadavre enfoui parmi les vivants. Des femmes, des enfants, les pieds gelés, étaient emportés sur des civières ; ils n'avaient pas mangé depuis trente six heures.

Mais ajoutons bien vite qu'à côté du triste spectacle de misères si profondes, l'œil se reposait avec bonheur sur les conpensations morales et matérielles qui attendaient à la gare les malheureux réfugiés.

Toute une armée dévouée de braves cœurs était là, malgré

la pluie, la neige, le froid glacial, pour accueillir les émigrants et leur prodiguer des soins et des consolations.

Les dames les plus respectables de notre ville, entre autres Mad^{me} Layard, des consuls, les principaux banquiers de Constantinople, des hommes de lettres, des négociants, des personnes même de la plus modeste condition, avaient eu à cœur de donner à cette occasion un témoignage de sympathique compassion aux arrivants.

On leur avait préparé d'avance des habits chauds, du pain blanc, et des soupes.

Le Stafford-House, le Turkish-Compassionate-Fund, divers comités particuliers avaient envoyé leurs représentants avec du matériel destiné à procurer un peu de bien-être à ces gens si éprouvés.

Le Croissant-rouge était là, avec ses médecins, ses pharmaciens, ses brancardiers, pour recueillir et panser les blessés.

Les dames s'emparaient des enfants, leur distribuaient du pain, de la soupe, les réchauffaient aux grands feux qu'on avait allumés, et c'était un noble spectacle que celui de cette abnégation de tant de personnes considérables, habituées au luxe et aux délicatesses de la vie, se faisant par charité les humbles servantes du malheur et de la misère.

Les réfugiés devraient conserver dans leur cœur un souvenir touchant de la réception qui leur était faite à la gare de Stamboul. Ils étaient pour la plupart des musulmans, beaucoup de pomaks, des circassiens, des tartares, des femmes et des enfants du villayet d'Andrinople, et un grand nombre d'israélites, quelques grecs et moins encore d'arméniens.

A leur arrivée à Constantinople, dans la confusion et l'encombrement des premiers jours, on les logea un peu partout comme on put le faire. Il a fallu aller au plus pressé ; pour en arracher un grand nombre à la mort, on les entassa au hazard dans tous les grands bâtiments disponibles, ce qui devait plus tard, comme nous le verrons, amener des résultats fâcheux pour la santé et l'hygiène en général. On en mit dans les mosquées de Stamboul, dans les konaks vides, dans des maisons particulières, dans des écoles. dans des khans disponibles et même dans quelques-unes des résidences impériales ; la ville en fut bientôt encombrée, et on dut les transporter en grand nombre dans les villages du Bosphore, à Scutari, à Kadikeuy, à Tchamlidja.

Nous parlerons tout-à-l'heure en détail, dans un chapitre spécial, des nombreux services qui ont été créés à cet effet par les soins du gouvernement, des comités et de la charité privée, convergeant au même but de bienfaisance et d'humanité.

II.

Les trois inspections sanitaires
Stamboul, Côte d'Asie et Côte d'Europe.

—

STAMBOUL.

Dès le premier mouvement d'émigration, Stamboul a été naturellement le point de concentration vers lequel convergeaient tous les convois de réfugiés arrivant des différents points de la Roumélie.

C'est par le chemin de fer et par les portes d'Andrinop'e, de Silivrie et de Top-Capou que les réfugiés affluèrent : trois mosquées servaient aux nouveaux arrivés d'asile provisoire ; c'était *Hékim-Oglou-Ali-Pacha*, *Fatih-Mehmed* et *Laléli Djami*. De là, la commission centrale les distribuait sur différents points où l'on avait trouvé des locaux vides.

Ceux que l'on destinait aux stations d'Asie, ou qui devaient être transportés en province, étaient envoyés à Yeni-Djami qui, du reste, comme nous le verrons plus loin, a été pour les réfugiés un des plus mauvais asiles de la capitale.

Il y a eu à Stamboul environ 120,000 réfugiés sédentaires, répartis dans les mosquées, les maisons vides, les khans et les écoles.

Ceux qui eurent le bonheur d'être logés dans les maisons abandonnées, n'eurent guère à se plaindre de l'intempérie des saisons. Ils étaient à l'abri du froid et de la pluie; la disposition même des maisons, divisées en petites pièces et ne permettant pas l'agglomération d'un grand nombre d'individus, créait une situation relativement supportable aux familles qui furent envoyées dans ce genre de logements.

Mais les réfugiés casés dans les mosquées, et c'était le plus grand nombre, se sont trouvés dans des conditions inouïes d'encombrement, de malpropreté et de souffrances, auxquelles on n'a pu malheureusement remédier que très-tard, alors que le mal avait atteint son maximum d'intensité et de violence.

La grandeur des mosquées, en permettant l'encombrement d'une grande masse d'individus, sembla d'abord une commodité qui facilita le service de la commission centrale, pour écouler les bandes innombrables qui arrivaient incessamment à Constantinople. C'est ainsi qu'il y eut à Sainte-Sophie 12,000 réfugiés, à Sultan-Ahmed 4,000, à Yéni-Djami jusqu'à près de 5,000, Mamoud-Pacha Djami 1,000, Lalédi et Chezhadé-Djami, Nour-Osmanié, chacune 2 à 3,000, Suléimanié 2 à 3,000 Hafous-Pacha-Djami 600, Kutchuk-Aïa-Sophia 400.

Ces chiffres donnent une idée de l'entassement des réfugiés: le plus souvent, à cause de la rigueur de la saison, ils allumaient des brasiers et faisaient leur cuisine à l'intérieur des mosquées; les ordures, les immondices, les excréments même s'ammoncelaient dans les coins de ces grands édifices, dans les encoignures des fenêtres. On improvisa des latrines dans les cours des mosquées, mais leur nombre étant insuffisant et la construction défectueuse, elles répendaient tout au tour des miasmes nauséabonds, de sorte qu'on avait de la peine à pénétrer dans les mosquées et autres lieux de ce genre.

Ordre avait été donné de briser les fenêtres pour faciliter l'aération, en y établissant tant bien que mal un système de ventilation ; mais ces sages recommandations ne furent jamais exécutées, et l'on se heurta toujours à la mauvaise volonté et à l'indolence stupide des réfugiés.

Il a été constaté que dans toutes les anciennes basiliques byzantines transformées en mosquées, telle que Sainte-Sophie, Kutchuk-Aïa-Sophia, Zeïrek-kilissè-Djami, Bodroum-Djami, Gul-Djami, Fatih-Djami, etc., etc., l'insalubrité était beaucoup plus grande que dans les mosquées bâties dans des temps plus récents, où l'on avait adopté un système d'ouvertures larges et rapprochées du sol. Dans ce dernier genre de construction, il faut citer Sultan-Ahmed et Nour-Osmanié. On peut même suivre la gradation, en observant que les mosquées d'Atik-Ali-Pacha, Mahmoud-Pacha, Mourad-Pacha-Djami, qui se rapprochent des constructions byzantines, présentaient un caractère d'insalubrité relativement plus marqué. On peut assimiler aux mosquées, comme foyers d'infection et d'émanations délétères. le théatre de Guedik dont les *couloirs et les escaliers même étaient littéralement couverts d'excréments* (rapport du Dr Mordtmann), l'école des arts et métiers (Mektébi Sénajé), l'école de Validé Djami à Akséraï, et l'ancienne préfecture de police.

Ceux des réfugiés qui étaient logés dans des khans se trouvaient dans des conditions relativement moins fâcheuses :

voici la répartition des émigrés dans les khans situés au voisinage de la mosquée de Sultan-Mehmed.

Nasmi-Bey-khan	28 chambres	200	réfugiés
Schekerdji-khan	37 »	180	»
Emir-khan	9 »	40	»
Nakib-khan	14 »	104	»
Arab-khan	30 »	135	»
Saïf-Moustafa	18 »	84	»
Soulou-khan	4 »	28	»
Hassan—Pacha	6 »	32	»

Tous les khans n'étaient pas dans les mêmes conditions de salubrité relative ; c'est ainsi que dans Sermakech-khan *une mare d'excréments liquéfiés inondait la cour et les chambres du rez-de-chaussée*, c'était un des foyers d'infection et d'épidémie les plus violents. Dans le Nasmi-Bey-khan, *la cour était comble d'une mare d'eaux sales sur laquelle surnageaient deux charognes pendant trois semaines* (rapport du Dr. Mordtmann.)

On comprend aisément comment des êtres affaiblis par les privations les plus cruelles, mal vêtus, mal nourris, exposés à la pluie et au froid d'un rude hiver, soient devenus la proie de maladies contagieuses et aient été décimés d'une manière si effrayante ; c'est cet ensemble de circonstances, plus défavorables les unes que les autres, qui amena dans Stamboul d'abord une épidémie de variole, et ensuite le typhus exanthématique qui fit de si grands ravages parmi cette malheureuse population.

Les réfugiés de Stamboul ont vécu dans cette situation lamentable pendant plus de quatre mois, lorsque la mesure de l'évacuation des grands centres d'agglomération fut mise en pratique, et le sort de ces infortunés fut radicalement amélioré.

CÔTE D'ASIE.

Sur la côte asiatique du Bosphore, et particulièrement à Scutari, de nombreuses familles d'émigrés étaient déjà installées depuis le mois d'octobre (1877).

Les réfugiés arrivant en masse à Constantinople, la commission en dirigea sur la côte d'Asie, et particulièrement à Scutari, environ 50,000, dont une partie devait rester dans le pays, l'autre allait être expédiée à l'intérieur de l'Anatolie.

La côte d'Asie ayant en outre servi de passage à plusieurs milliers de réfugiés, le plus grand désordre ne tarda pas à régner dans le service, dont les conditions d'installation étaient, d'ailleurs, aussi tristes qu'à Stamboul.

Au mois de janvier, il y avait dans le XVIII cercle (Kadikeuy) environ 5,000 réfugiés. Ils étaient installés à Ibrahim-Pacha-Mahalessi, à Courbali-Déré (dans les écuries du Sultan Mourad) à Haïdar-Pacha, à Kadikeuy, Merdivenkeuy, Erenkeuy.

Leur situation était des plus déplorables, ceux notamment qu'on avait entassés dans les écuries de Courbali-Déré avaient à peine de la place pour se mouvoir et vaquer aux besoins ordinaires de la vie.

Cette localité avait été prise au dépourvu; il s'agissait de loger et de soigner une multitude considérable de réfugiés, et la plus grande confusion régna longtemps dans l'administration ; ce ne fut que plus tard qu'on commença à mettre un peu d'ordre dans la comptabilité compliquée des arrivées et des départs.

Les services s'organisaient petit à petit. Un hopital de 40 lits fut créé par les soins du comité international, des rations de soupe et de pain furent distribuées régulièrement, et l'installation fut une des mieux organisées de tous les cercles de la côte d'Asie.

Enfin le départ des circassiens et des tziganes baissa de 3,000 le nombre des réfugiés. La tâche de la commission devint plus facile, secondée d'ailleurs puissamment par un comité de dames anglaises, qui ne s'épargnaient ni peines ni fatigues dans cette œuvre humanitaire.

Les réfugiés de Kadikeuy bien qu'éprouvés aussi par les maladies, n'en ont pas cependant souffert autant que les autres de la côte d'Asie. Mais nous n'en dirons pas de même des émigrés de Phéner Baktché dans le même cercle.

Vers le mois de mars, on eut l'idée d'évacuer Sainte-Sophie et de transporter une partie de ses habitants à Phéner-Baktché, où l'on dressa des tentes capables de contenir 1,600 réfugiés. Un grand nombre se trouvèrent ainsi sans abri et exposés à la pluie et au mauvais temps exceptionnels de ce mois.

On n'avait pas pris de précautions suffisantes, ni fait des approvisionnements pour les nourrir pendant les premiers jours de leur installation, et il en résulta une situation épouvantable ; la presse s'en émut, et grâce au comité international qui y établit un fourneau et contribua à la construction de 25 baraques, on put donner les premiers secours.

Successivement, la commission centrale créa un hôpital pour 60 malades qui fut installé avec le concours de divers comités et entretenu par le comité international. C'est ainsi que la situation de ces abandonnés s'est améliorée et que la grande mortalité a pris fin.

Les réfugiés sont restés à Phéner-Baktché jusqu'au mois de novembre, lorsque la commission centrale les dissémina dans la province.

XVIᵉ ET XVIIᵉ Cercles (Scutari)

À Scutari le chiffre des réfugiés s'élevait à 30,000 parmi lesquels 3,000 tziganes, répartis dans les écuries de la compagnie des omnibus, dans les khans du marché, dans les mosquées, dans les théâtres de Baghlarbachi et dans différentes maisons particulières de Scutari et de Tchamlidja.

On avait, dès le début, institué deux commissions chargées de recevoir les arrivants, prendre leurs noms, enregistrer leurs déclarations et, en un mot, organiser autant que possible une comptabilité qui permit de constater leurs besoins.

Malheureusement, ces commissions furent débordées, avant que leur premier travail pût s'accomplir, par de nouvelles bandes de réfugiés qui arrivaient en masse, sans papier ni quoi que ce fût pour établir leur identité ; ils ne faisaient que se plaindre, demander du pain et, dont un grand nombre, arrivant de Stamboul, étaient déjà malades ou épuisés ; de sorte que les deux hôpitaux de la localité (l'un à Scutari, l'autre à Tchamlidja) étaient insuffisants à les contenir.

Il serait oiseux de décrire l'état des écuries, des khans et des théâtres à Scutari, ces édifices néfastes étaient dans des conditions pires que celles de Stamboul, et si l'on ajoute que ce sont les races les plus malpropres et les plus indolentes qui les avaient habités, on peut se figurer sans peine la triste situation de tous ces lieux de refuge.

La variole et le typhus y ayant pris racine, ce n'est qu'à l'établissement de tentes sur les hauteurs de Baghlarbachi, dans lesquelles étaient confinés les varioleux, et aux hôpitaux créés *ad hoc* par les comités, qu'on doit attribuer l'amélioration relative de l'état sanitaire par rapport à la variole.

Cette situation se maintint, et ce n'est que vers la fin de mai qu'on constata définitivement une amélioration satisfaisante. Alors les écuries et le théâtre étaient évacués, les tziganes et les circassiens étaient partis, on avait cessé d'envoyer des réfugiés à Stamboul. Le désencombrement eut lieu, et le nombre des réfugiés se réduisit de 15 à 19,000.

A Alem-Dagh, où le Gouvernement fit transporter 4000 réfugiés provenant des mosquées de Stamboul, la situation fut loin d'être favorable. La commission centrale y avait fait dresser un grand nombre de baraques, dont la construction très-défectueuse ne garantissait pas des grandes chaleurs, ni de la pluie; elles ressemblaient plus à des refuges destinés au bétail qu'à des abris pour les hommes.

Alem-Dagh a été une des plus mauvaises concentrations de réfugiés sur la côte; le lieu était mal choisi, éloigné du centre des services, et le typhus et la diarrhée y ont fait de grands ravages.

La mortalité fut énorme; elle a donné jusqu'à 10 ou 15 décès par jour. La commission médicale y établit un hôpital de 60 lits.

Le 4 juillet, le typhus avait disparu et à la fin d'octobre Alem-Dagh fut évacué.

XVᵉ CERCLE (BEYLERBEY)

Le XVᵉ cercle comptait 5000 réfugiés. Ils étaient logés à Tchenguelkeuy, Kouchkoundjouk (300 Juifs), Beylerbey, dans les yalis particuliers, aux écuries de Riza-Pacha etc. etc. dans des conditions habituelles d'encombrement et de dénûment absolu, et qui plus est, désanvantage encore plus douloureusement sensible. aucun des comités philanthropiques ne leur était venu en aide.

Tous les secours qu'ils avaient pu recevoir provenaient

**

exclusivement de la commission locale, dont les moyens d'action étaient naturellement fort restreints. Toutefois, le comité international y installa un hôpital de 40 lits qui rendit les plus grands services.

Si l'on excepte, d'ailleurs, les écuries de Riza Pacha, à Beylerbey, où dans l'espace de trois mois les trois quarts de la population des réfugiés a été décimée, les conditions sanitaires de ce cercle n'étaient pas exceptionnellement mauvaises ; aussi, dans ce cercle les épidémies n'ont-elles pas pris racine, en général, d'une façon inquiétante.

XIVᵉ CERCLE (ANADOLOU-HISSAR)

Dans le XIVᵉ cercle 5500 réfugiés avaient été répartis dans des yalis et des maisons vides, entre Anadolou-Hissar, Hekimbachi-Tchiflik, Kandilly et Vanikeuy. Mais la plupart de ces refuges étaient à demi-écroulés et tout à fait insalubres.

Ce cercle a été un des plus éprouvés et la mortalité y a été très-grande.

A Kandilly, la situation était, peut-être, plus mauvaise que dans les autres localités du même cercle. La petite vérole y a fait peu de ravages, mais en revanche le typhus s'y est développé dans une proportion effrayante, et n'a cessé que lorsque l'évacuation forcée a eu lieu et que la population de quelques maisons fut anéantie.

Le yali de Kiani-Pacha, un des grands foyers d'infection, n'a pu être vidé que par la rentrée du propriétaire dans sa maison. Tous nos efforts pour détruire ce foyer de miasmes avaient été impuissants, les malades eux-mêmes refusaient de se laisser transporter à l'hôpital. D'autres yalis, et principalement celui d'Altounizadé, ont présenté des spectacles analogues.

La commission locale et son énergique président ont été secondés activement par le Turkish-Compassionate-Fund qui, entre autres secours, installa un hôpital de 40 lits qui a fonctionné pendant trois mois, et a continué après sous la direction de la commission médicale.

XIIIe CERCLE (BEYCOS)

Au mois de janvier, on comptait dans le XIIIe cercle 2200 réfugiés répartis entre Cavak, Tokat, Beycos, Pachabaktché et Indjirkeuy.

Grâce à la bonne installation des réfugiés dans des maisons salubres, la variole et le thyphus ont fait des apparitions sporadiques, sans prendre le caractère épidémique.

Ce cercle a été des plus favorisés entre tous. Le comité international y distribuait des soupes. Un hôpital de 50 lits fonctionnait à Indjirkeuy, sous la surveillance de la commission médicale.

A la fin de juillet, l'hôpital était fermé faute de malades.

COTE D'EUROPE.

Au fur et à mesure que les réfugiés affluaient à Stamboul, la commission centrale en dirigeait une partie sur la côte d'Europe.

Au mois de février, 15,000 y étaient installés, dont 2027 dans le VIe cercle. Plus tard, vers le mois d'avril, leur nombre a doublé jusqu'au chiffre de 25,000.

Parmi les différents cercles de la côte d'Europe, c'est le VIe, qui en a reçu la plus grande masse ; 12,000 étaient disséminés entre Péra, Galata et Kassim-Pacha. Peu d'édifices publics sont restés vides, et plusieurs maisons et une école au centre de Péra ont été occupés par les nouveaux

venus ; quelques maisons à Firouz-Agha et à Fondoukli, les
bâtisses environnant Arab-Djami à Galata et le quartier Ké-
raouitz et Sururi à Kassim-Pacha, présentaient des conditions
d'insalubrité aussi tristes que les lieux de refuge à Stamboul. Trois commissions ont eu soin des réfugiés dans ce
cercle, où la charité publique fut prodiguée largement sur
une vaste échelle ; aussi, la situation des refugiés était-elle
relativement meilleure ; mais cette charité si bien faite eut
son mauvais côté, car les réfugiés de Stamboul, connaissant la situation plus heureuse de leurs compagnons d'in-
fortune dans Péra, venaient s'y installer pour bénéficier, eux
aussi, de ces avantages, et apportaient avec eux les germes
des épidémies qui régnaient à Stamboul. Tel a été spécialement le cas d'une famille circassienne qui était venue se
cacher dans une maison à Firous-Agha, elle y apporta le
typhus et communiqua la maladie aux réfugiés de tout le
quartier.

Un service médical extraordinaire, organisé par le comité
international, et plusieurs hôpitaux étaient au service des
malades ; et malgré tous ces avantages, la variole et le typhus
ont exercé, comme ailleurs, leurs ravages pendant les mois de
mars et d'avril.

Quand les principaux centres du VIᵉ cercle en furent éloi-
gnés, la situation sanitaire de ce cercle ne tarda pas à
s'améliorer.

Bechiktach avait donné asile à un grand nombre de réfugiés et les quartiers de Matchka et d'Abaz se distinguaient
surtout par une énorme agglomération et par l'insalubrité des
lieux.

A Couroutchechmé, Arnaoutkeuy, Bébek, jusqu'à Rouméli-
Kavak, 5 à 6000 réfugiés ont été disséminés ; ils y ont joui de
meilleures conditions sanitaires qu'ailleurs, car ils étaient

logés un peu partout dans des konaks vastes et aérés, et étaient secourus par les comités de Bébek et de Thérapia.

III.

Etat sanitaire.

De tout temps Constantinople, grâce à sa position topographique, a été considérée comme une ville des plus salubres en Europe. Bâtie sur un cercle de collines, entre l'Asie et l'Europe, entre la mer Noire et la mer de Marmara, dont la température est constamment variable, Constantinople jouit d'une ventilation constante et de toutes les conditions de salubrité désirables pour une grande capitale.

Malheureusement, l'hygiène publique en est dans un état d'abandon regrettable, et cela tient à des causes multiples qu'il n'est pas nécessaire d'étudier ici.

Si nous laissons de côté les épidémies qui ont décimé la population de Constantinople à une époque reculée, nous trouvons que la peste ne s'y est abattue, que dans des temps relativement plus récents, lorsqu'elle ravageait déjà tout l'Orient, et il en est de même du typhus pendant la guerre de Crimée et du choléra en 1865 et 1871.

D'autre part, les maladies endémiques, fièvres palustres, fièvres éruptives, diarrhées, diphthéries, y sont de courte durée, et l'on en cite même des années presque tout à fait exemptes.

Quant aux fièvres typhoïdes assez fréquentes, d'après l'observation de tous les médecins, en janvier, février et mars, elles disparaissent en avril par l'élévation de la température et les vents périodiques du nord qui se produisent à cette époque de l'année.

En automne et au printemps, on constate des affections des voies respiratoires ; les diarrhées sont signalées surtout en été ; enfin, au début de l'hiver, les fièvres éruptives et rarement la variole.

Pendant le cours de cette année, l'état sanitaire de Constantinople s'est maintenu dans un état assez satisfaisant, nonobstant l'énorme accroissement de la population, par la présence de centaines de mille réfugiés, dans des conditions d'hygiène et de santé déplorables, situation qu'aggravait encore les 20,000 soldats blessés et malades que renfermaient les hôpitaux militaires et du Croissant-rouge ; si à toutes ses causes d'infection on ajoute le chiffre énorme des décès et l'insuffisance des cimetières, on aura peine à comprendre comment les malheurs n'ont pas été plus grands. A part donc la mortalité parmi les réfugiés, tout s'est réduit à des cas sporadiques de fièvres typhoïdes, à quelques traces de variole et aux maladies ordinaires de chaque année. On peut, en somme, affirmer qu'à part les personnes en contact avec les émigrés, ou avec l'armée russe, la population sédentaire de la ville n'a pas été atteinte, et le mérite de cette immunité il faut l'attribuer à l'admirable situation topographique de la capitale.

L'état sanitaire de Constantinople au moment du grand courant de l'émigration était donc des plus satisfaisants. Plus tard, à mesure que l'armée russe avançait, on observa quelques cas de typhus exanthématique dans les hôpitaux civils chez des personnes arrivant de la Roumélie.

D'autre part, il est vrai, au début de l'émigration, le service médical n'étant pas encore convenablement installé, il était difficile de saisir, à la surface, autre que des maladies fébriles et des diarrhées. Mais successivement, on constata des cas nombreux de variole et plus tard vers la fin de février des cas sporadiques de typhus.

Pourtant, dans cette première période, les affections les plus fréquentes étaient encore les maladies de poitrine, l'épuisement, les diarrhées, notamment chez les vieillards et chez les enfants, et quelques cas de fièvre typhoïde.

La variole et le typhus étant les deux maladies qui ont sévi épidémiquement, nous nous en occuperons tout d'abord.

La Variole.

Cette maladie a été observée pour la première fois chez les circassiens, les tziganes et les tatars ; elle aurait pu prendre un caractère d'expansion formidable, si le Gouvernement n'avait adopté la sage mesure d'éloigner à temps de la capitale ces populations dangereuses. Les principaux centres de cette maladie ont été à Ibrahim-Pacha-Mahalessi, à Kadikeui et parmi les tziganes aux écuries de Bulbul-Déressi. La variole se propagea du reste parmi les autres réfugiés et elle envahit, petit à petit, tous les autres cercles de la capitale, avec plus ou moins d'intensité, se fixant de préférence dans les grandes centres d'agglomération, tel que, à Stamboul, les grandes mosquées et principalement Sainte-Sophie, Yéni-khan, Sermakech, etc. Sur la côte d'Europe, dans le VIᵉ cercle, principalement à Galata dans les lieux environnant Arab-Djami, à Kassim-Pacha au quartier Kéramits, et à Béchiktach au quartier Matchka.

Des cas-peu nombreux ont été observés dans le haut Bosphore ; à Kandilly, on put en signaler quelques-uns, ainsi qu'à Béicos.

Scutari que l'on avait désigné comme station provisoire des tziganes, avant leur départ pour l'intérieur, et où l'encombrement était extrême, nommément dans les écuries et les théâtres de Baghlarbachi, en a été le foyer le plus intense. La forme que la variole a revêtue était généralement bénigne, bien que confluénte. Nous avons rarement observé des cas accompagnés d'hémorrhagie ou présentant une malignité exceptionnelle. Si l'on veut bien toutefois tenir compte de l'état de dénûment des réfugiés, du manque de soins, d'une nourriture nulle ou détestable, de l'agglomération dans des lieux humides et malsains, on ne s'étonnera pas du chiffre très-élevé de la mortalité. Et cette mortalité excessive nous l'avons constatée non-seulement pendant la durée de la maladie, mais encore et surtout pendant la convalescence des malades.

Sans prétendre donner un chiffre exact des attaques, nous pouvons dire qu'en moyenne le 10 sur 1000 a été atteint par la variole, à différents degrés, selon les centres d'agglomération et la race des réfugiés. Quant à la mortalité, elle monte à 50 %, chiffre moyen, par approximation, du nombre des malades.

La variole s'est présentée avec son caractère contagieux bien net et bien dessiné. Elle a atteint principalement les enfants, sans épargner ni les adultes ni les vieillards.

Son origine nous est restée inconnue, comme il arrive toujours dans ces sortes de maladies. Nous avons seulement constaté qu'elle avait sévi plus particulièrement parmi les tziganes et les circassiens.

La commission médicale d'abord et successivement les comités philanthropiques se sont efforcés de conjurer le danger de la propagation de l'épidémie, par la vaccination générale et la création d'hôpitaux spéciaux, par l'adoption que fit le Gouvernement du dernier et radical moyen, nous voulons dire par l'évacuation des foyers et l'éloignement de ces agglomérations infectes. Ce sont de telles mesures, qui ont contribué à arrêter le cours du fléau et à le faire disparaître, vers le commencement de mai, après deux mois de ravages pendant février et mars.

Typhus exanthématique.

Pendant que la variole était à son point culminant de violence, on observait des fièvres typhoïdes fréquentes et sous toutes les formes, parmi lesquelles prédominait la forme abdominale et faisait de nombreuses victimes ; mais on n'en avait observé d'éruptions caractéristiques, ni rien qui accusât l'existence de cas de typhus exanthématique. Pour la première fois, cette dernière maladie fut reconnue à Stamboul dans le Dar-ul-Chefaca et dans la mosquée de Sainte-Sophie vers la moitié de février.

Ces cas se multipliant d'une manière effrayante, Stamboul se trouva en pleine épidémie ; au commencement du mois de mars, les mosquées et les khans étaient infectés ; les hôpitaux ne suffisaient plus à contenir la quantité innombrable de malades qu'on y amenait, et la mortalité, pendant ces mois néfastes de mars et avril, a été effrayante. Dans certains khans, dans plusieurs mosquées et écoles, plus de la moitié de la population a péri ; nous citerons notamment Sainte-Sophie, Mahmoud-Pacha-Djami, Yéni-khan, Sermakech-khan et l'école d'Ak-Séraï. Pendant ces deux mois, il y avait à Sainte-Sophie 7000 réfugiés. Et lors de l'évacuation on en compta à peine 3000 à l'état sain et ayant échappé aux atteintes du fléau. On en compta de 30 à 60 décés par jour. Sur 650 réfugiés entassés dans l'école d'Ak-Séraï, 250 seulement ont survécu. Après cela, nous nous épargnons d'autres citations toutes aussi tristes et lugubres.

La population des réfugiés, à Stamboul, était la proie du typhus, quand plusieurs centaines en furent disséminés sur la côte d'Europe et d'Asie.

Un grand nombre se sauvèrent dans des cercles moins éprouvés pour profiter des secours charitables et de l'assistance des comités ; d'autres allaient rendre visite à des parents disséminés sur les deux rives du Bosphore. De tels rappro-

chements entre Stamboul, le Bosphore et l'Asie, ont propagé les germes du typhus dans les localités jusqu'alors
complétement exemptes de cette maladie. Nos rapports
spéciaux établissent suffisamment ce fait capital pour que
nous n'ayons pas à y revenir.

Les premiers cas de typhus exanthématique ont été
observés sur la côte d'Asie, pendant la seconde moitié du
mois de mars. Scutari qui avait servi de débarcadère aux
réfugiés, et dont les édifices publics et les mosquées présentaient des conditions d'encombrement et de malpropreté
analogues à celles de Stamboul, a été aussi le foyer d'infection le plus violent et le plus funeste, après Stamboul,
parmi les cercles du Bosphore.

Dans l'espace entre fin-mars, avril et mi-mai, la population qui logeait dans les écuries des omnibus, dans les
khans du marché, dans la petite mosquée de Daoud-Pacha,
en a été réduite de moitié.

De Scutari le typhus s'est propagé partout où il y avait
des réfugiés et même dans des localités isolées. C'est ainsi
qu'à Kandilly, dans les yalis d'Altouni-Zadé et de Kiani-pacha,
à Hissar dans les yalis Mesdgid, à Fundoukli, à Galata
aux environs d'Arab-Djami et autres lieux, la population des réfugiés a été réduite aux trois quarts.

L'épidémie régna dans toute sa violence pendant les mois
de mars et d'avril, le 14 sur 1000 en a été atteint, et la
mortalité gagna approximativement, au point culminant du
fléau, le chiffre de 60 % sur les malades. Vers la fin
d'avril le typhus commença à perdre de sa gravité et
dégénéra, par ses formes abortives, en états typhiques sans
exanthème et d'une issue favorable, puis il disparut complétement à la fin de juillet.

Le typhus a revêtu tout son caractère de malignité, et

et nous avons vu des malades qui sont morts dans deux ou trois fois 24 heures, d'autres ont succombé à la forme pétéchiale accompagnée d'hémorrhagies.

Etant données les conditions d'encombrement, de privations de tous genres, l'insuffisance de soins et de secours, on trouvera toute naturelle la marche violente et fatale du fléau.

Nous ne croyons pas nécessaire de décrire ici avec un grand luxe de détails cliniques les caractères du typhus que nous avons observé, qu'il nous suffise de dire que nous y avons trouvé les types classiques décrits par les auteurs dans des épidémies analogues.

Le typhus a t-il été amené à Constantinople par les émigrés, ou bien a-t-il pris naissance parmi eux après leur installation dans la capitale ? C'est là une question qu'on ne peut guère résoudre en l'état des choses. Il est de fait que l'armée russe, avec laquelle les réfugiés avaient pu être en contact, portait avec elle les germes typhiques, et que sur les 20,000 soldats turcs, malades ou blessés, dans les hôpitaux militaires de la capitale, il n'existait pas trace de cette maladie. On ne saurait non plus nier que l'état de souffrance, l'entassement et la malpropreté des réfugiés, c'étaient autant d'éléments qui engendrent de toute pièce et qui développent le typhus.

Cette épidémie a démontré, une fois de plus, jusqu'à quel point est contagieux le miasme typhique ; à l'époque de la violence de la maladie, non-seulement elle se propageait dans les centres d'agglomération, mais le seul passage de typhiques dans des localités jusqu'alors indemnes suffisait pour y donner naissance.

La plupart des personnes qui ont assisté les tyhiques en ont été atteintes, ainsi qu'un grand nombre d'employés des différents services. Mais, heureusement aussi, la plupart ont échappé à la mort. Parmi les 134 élèves en médecine chargés du service médical, en ville et aux hôpitaux, 22 ont été atteints du typhus, et 4 y ont succombé, victimes de leur dévouement précoce à l'humanité. Les médecins civils des hôpitaux du VIe cercle ont aussi payé leur tribut à la maladie.

D'abord, notre collègue le docteur Mordtmann et le docteur Bolonaki à Péra ; puis à Stamboul, les docteurs Abelés, médecin en chef de l'hôpital de Tounonslou-Pacha, Xanthopoulo, médecin de l'hôpital Mollah-Gurani, Ananian, Zoéros bey, Chakir effendi, Djavid effendi, Abdulhamid effendi et Masloum effendi ; à Scutari, les docteurs Dallas, médecin en chef de Chemsi-Pacha, Lymas, médecin en chef de l'hôpital de Tchamlidja, Cambouroglou, médecin en chef de Tchengelkeuy et Anadolou Hissar.

Heureusement, parmi ces confrères nous n'avons eu à déplorer que la perte d'Abelés, de Xanthopoulo et de Masloum.

Parmi les sœurs de charité qui, avec tant d'abnégation, ont soigné les réfugiés, treize ont été atteintes du typhus et deux d'entre elles, la supérieure de l'hôpital de la Paix et une sœur de l'hôpital Suisse, ont été victimes de leur dévouement.

Le nombre des cas de typhus parmi les infirmiers et les personnes attachées aux différents services est relativement énorme.

On comprend ainsi la désorganisation que devait se produire à la suite des vides laissés par le personnel qui disparaissait journellement. La commission médicale et les comités se sont trouvés parfois dans l'impossibilité absolue de pourvoir aux remplacements, car la moitié des employés étaient par fois couchés ou morts, et personne n'osait risquer sa vie pour les remplacer dans des conditions aussi périlleuses.

Toutes les considérations que nous venons d'exposer, militent en faveur de l'opinion (Lebert) que le miasme typhique est dû au développement de micro-organismes, répandus dans l'air ambiant et qui infectent l'individu dans un milieu de misère, malpropre et mal aéré.

Le typhus a régné parmi les réfugiés de la capitale pendant plus de trois mois, et il n'y avait pas de raison pour qu'il ne se prolongeât indéfiniment, dans les conditions que nous venons d'énumérer, et ne gagnât la population fixe de Constantinople, si le Gouvernement n'avait pas pris d'énergiques mesures. Grâce à l'initiative du Conseil de Santé, l'évacuation des centres infectés fut résolue et mise à exécution avec toute l'activité possible, et c'est ainsi que le danger put être conjuré à temps.

La commission médicale, le comité international et le Turkish-Compassionate-Fund ont déployé beaucoup d'énergie et de moyens dans ces graves circonstances. Le personnel médical a été complété et des hôpitaux nouveaux ont été créés, des fourneaux ont été érigés à Stamboul, à Péra, dans le Bosphore, qui donnaient à plusieurs milliers de personnes des repas chauds, pendant plus de deux mois. Tout en rendant justice à l'efficacité de tant d'efforts réunis, il faut cependant avouer que sans l'évacuation et la dispersion, on ne saurait prédire jusqu'où l'épidémie aurait poussé ses ravages.

Après la variole et le typhus, ce sont les diarrhées qui ont causé le plus de mal, surtout parmi les vieillards et les enfants. La dyssenterie, il est vrai, n'a pas pris des proportions épidémiques, mais les catarrhes gastro-intestinaux ont causé une grande mortalité.

La mauvaise qualité ou l'insuffisance de l'alimentation, la viande malsaine vendue dans les rues et absorbée par les réfugiés, ont en partie été cause du grand nombre des diarrhées. Les réfugiés d'Alem-Dagh en ont souffert plus que les autres, par suite du mauvais pain qu'on leur donnait à manger.

Mais la plus terrible de ces maladies secondaires était l'inanition. Dans plusieurs cercles, nous avons eu des sujets morts positivement de faim. C'est bien malheureux, mais c'est la vérité, et nous devons la dire toute entière. On s'en rendra d'ailleurs compte en songeant que beaucoup de vieillards et d'enfants, ayant perdu leurs soutiens et restant abandonnés et misérables, ne trouvaient personne pour aller à la distribution en chercher la nourriture.

Des cas d'inanition ont aussi été observés dans les hôpitaux ; beaucoup de moribonds admis à l'hôpital revenaient à la vie quelques jours après, dès qu'ils avaient une nourriture et du chauffage suffisants. Grand nombre de ces malades étaient guéris quelques jours après leur admission, et pouvaient se rendre auprès des leurs.

Les fièvres palustres, les maladies rhumatismales ont été fréquemment observées, comme aussi un grand nombre de congélations aux extrémités ; très peu de scrofules, de cancers, ou de cas de phthisie et d'affections syphilitiques. L'absence d'affections dyscrasiques prouve que la civilisation avec ses dangers et ses séductions n'avait pas encore pénétré dans le pays natal des réfugiés. Les maladies constitutionnelles étaient rares, ce qui prouve que l'air de la montagne avec une nourriture élémentaire suffisent à constituer chez ces gens de la campagne les conditions d'une bonne santé. Du reste, il faut avouer aussi que si nous avons eu à remarquer un nombre aussi limité de ces affections, c'est que la plupart des malades ont succombé les premiers jours de leur arrivée à Constantinople, ou même pendant leur rude traversée.

Les cas de gale ont été très-fréquents, et il n'y a pas lieu de s'en étonner, étant donnée la malpropreté notoire des réfugiés.

IV.

Organisation du service des secours.

—

GOUVERNEMENT IMPÉRIAL.

Le Gouvernement Impérial, absorbé pendant l'émigration par des préoccupations les plus graves, ne négligea pourtant rien dans la mesure du possible pour soulager les maux des réfugiés. Il a fait recueillir ces hordes errantes, leur a facilité les chances de salut ou de guérison, soit dans les provinces, soit dans la capitale ; c'est ainsi que, arrivant dans les grands centres, à Andrinople, à Varna, à Constantinople, les réfugiés trouvaient des commissions toutes formées qui leur procuraient un gîte et de la nourriture.

Mais la besogne était énorme, il a fallu organiser une administration générale et subvenir à une multitude de besoins divers. Disons-le à sa louange, le Gouvernement, dans cette circonstance, est arrivé à surmonter le plus gros des difficultés. Avant l'arrivée du grand courant de l'émigration, une commission fut chargée de s'occuper de l'organisation des secours ; elle prit l'initiative d'un appel à la charité publique qui fut entendu, et de tous côtés on lui vint en aide. En attendant, les réfugiés arrivaient en masse. Stamboul ne pouvant plus les contenir, on les dissémina sur tous les points de la capitale. Des sous-commissions composées de plusieurs membres dont un président, veillaient à la répartition des réfugiés, à la constatation de leur identité, et pourvoyaient à leurs besoins.

Vu l'énorme développement du service, la commission centrale fut divisée en deux branches, l'une ayant pour tâche la distribution des secours ; l'autre, qui prit le nom de commission médicale, chargée d'organiser le service des hôpitaux.

Mais la situation des réfugiés allait en s'aggravant de plus en plus, et la question de leur rapatriement préoccupa le Gouvernement. SA MAJESTÉ le Sultan daigna prendre sous son auguste patronage les travaux de la commission centrale qui fut réorganisée et appelée à siéger dans le palais Impérial, à Yildiz.

SA MAJESTÉ fit plus encore, ELLE ordonna que plusieurs dépendances des résidences impériales fussent livrées au logement des réfugiés, et fit entretenir à ses frais plusieurs milliers de ces infortunés.

La commission supérieure de Yildiz, malgré sa courte durée, a su utiliser avec efficacité la haute influence dont elle était investie. Mise au courant de la situation sanitaire des réfugiés et des dangers qui en résultaient par Mr l'Inspecteur général des services de la quarantaine, elle provoqua l'évacuation des centres les plus encombrés et prit des dispositions pour disséminer les réfugiés dans les provinces. C'est une résolution des plus importantes qu'elle ait prise.

Après avoir réglé cette question capitale, elle s'est dissoute et a confié les soins des réfugiés à une commission spéciale siégeant à Stamboul, sous la présidence du préfet de Constantinople.

La tâche continuait à être écrasante, et le préfet ne pouvant y suffire, le Gouvernement décida de créer une autre commission, à la tête de laquelle il plaça, comme président, S. Ex. Emin pacha.

Les sacrifices que le Gouvernement Impérial s'est imposés, dans ces tristes moments, sont notoires. En calculant une moyenne de 100,000 personnes à nourrir pendant une année, on peut se figurer les charges énormes que l'État a eu à sou-

tenir. Les enterrements étaient nombreux et les frais qui s'en-
suivaient étaient exorbitants ; car d'après les mœurs religieuses
du pays, chaque cadavre imposait à la commission une dépense
de 80 piastres pour les adultes et 40 pour les enfants, ce qui
donne au total un chiffre très-sérieux. L'entretien du service
médical et les hôpitaux étaient également à la charge du Gouvernement qui s'est imposé, en outre, la dépense de la construction
de baraques à Alem-Dagh, lesquelles ont donné asile à 4000
réfugiés.

De plus, des sommes très-fortes ont été payées à la compagnie des chemins de fer de Roumélie pour le transport de
169,000 réfugiés, pour le rapatriement de 25,000 et pour la dissémination dans les provinces de plus de 200,000 transportés sur
des bateaux affrétés exprès. En ajoutant à tous ces frais l'al-
location de deux piastres par jour et par personne, on ne sera pas
étonné de la grandeur des sacrifices faits par le Gouvernement et
que la statistique officielle qui nous a été communiquée fait
monter à 40,00),000 de piastres papier, sans compter les
onds affectés au service de la commission médicale et du
rapatriement. La tâche du Gouvernement n'est pas malheureusement encore terminée, car la rentrée des réfugiés dans
leurs foyers n'est pas encore finie. Espérons qu'elle le sera
bientôt, et que ces pauvres populations pourront reprendre
leurs travaux et pourvoir paisiblement à leur subsistance.

Commission médicale.

Cette commission dont le rôle a été si important durant la
crise, était composée de quatre membres sous la présidence de
S. Ex. Marco Pacha, directeur de l'Ecole Impériale de médecine.
Secondée par les comités philanthropiques, elle a eu beaucoup
à faire par elle-même et s'en est acquittée avec un dévouement

***

exemplaire, ayant dépassé, si l'on peut dire ainsi, la mesure du possible. Avec des moyens fort restreints, elle a satisfait aux exigences d'un service complexe et difficile.

Dans ses premières délibérations, la commission médicale avait invité l'Inspecteur général, Dr Bartoletti effendi, à prendre part à la discussion des bases de ses travaux, auxquels devait s'associer l'Administration sanitaire de l'empire. La commission désigna les élèves en médecine de la neuvième classe, dont une partie destinée au service médical à domicile et le reste aux hôpitaux, avec le concours de plusieurs médecins militaires et civils et les trois inspecteurs de la capitale nommés par le Conseil International de Santé.

Les élèves qui étaient chargés du service médical à domicile étaient munis d'un sac contenant les médicaments les plus nécessaires. La Commission décida la création de huit hôpitaux et rédigea un projet à soumettre au Gouvernement, pour les mesures qu'il y avait lieu de prendre, afin de conjurer les épidémies qui devaient nécessairement résulter de cette grande émigration de réfugiés dont le nombre augmentait tous les jours.

Mais son œuvre ne se borna point là.

Au mois de mars, les épidémies de variole et de typhus s'étant déclarées parmis les réfugiés, elle redoubla d'activité ; elle a mis au service les élèves de la 8me classe, elle a requis d'autres médecins militaires et civils et a mis à la tête du service le professeur Zoéros bey. Elle a créé dix hôpitaux nouveaux et s'imposa le service du transport des malades par toute une brigade de brancardiers.

Nous croyons nous acquitter d'un devoir sacré, en faisant ici l'éloge du personnel médical qui s'est dévoué avec une abnégation extraordinaire à la dangereuse tâche qui lui incombait. Nous nous rappellerons toujours avec effusion le zèle de ces jeunes élèves ou médecins qui, ne connaissant pas encore la responsabilité et les périls que leur rude profession leur réservait plus tard, payaient de leur personne non-seulement en faisant le service qui leur avait été assigné, mais ils remplaçaient volontiers leurs confrères atteints par le typhus et la variole.

Ne parlons pas beaucoup des médecins civils et militaires, car rien qu'en acceptant le service, ces messieurs faisaient acte d'un dévouement hors ligne, mais nous croyons de notre devoir de citer, en annexe au présent rapport, les noms des médecins et des élèves médecins qui ont servi sous les ordres de la commission médicale. Nous avons l'honneur de les signaler ici à l'attention bienveillante du Gouvernement Impérial.

La commission médicale, en raison de la nécessité des circonstances, a installé les hôpitaux suivants :

A STAMBOUL

Zarp-hané	200	lits
Baraques	200	»
Hôpital de la paix................	40	»
Maternité.........................	20	»
Ecole de Médecine...............	20	))
Sari-Guzel.......................	45	»
Tackhi-Eddin-Pacha...............	80	»
Tchitchektchiler..................	20	»
Eyub-Sultan	100	»
Tounouzlou-Pacha.................	200	»
Molah-Gurari.....................	50	))
Skudar-Chemsi-Pacha..............	100	»
à reporter.......	1075	lits

CÔTE D'ASIE

	report.......	1075	lits
Tchamlidja...................		25	»
Pacha-Baktché.................		60	»
Tchenguelkeuy.................		40	»
Anadolou-Hissar		40	»
Alem-Dagh...................		60	»

CÔTE D'EUROPE

Emirghian...................		100	»
	Total.......	1400	lits

De leur côté les comités philanthropiques ont créé les hôpitaux suivants, qui ont fonctionné à leurs frais pendant plusieurs mois et ont ensuite été réunis à ceux de la commission médicale.

COMITÉ INTERNATIONAL

Baraques...................	200	lits
Zarp-hané.................	260	»
Cadikeuy.................	40	»
Tchamlidja.................	70	»
Fener-Baktché.............	60	»
Tchenguelkeuy.............	40	»
Hôpital russe.............	40	»
Hôpital de la paix.........	20	»
Hôpital suisse.............	20	»
Hôpital municipal.........	40	»
Total.......	790	lits

TURKISH COMPASSIONNATE FUND

Sultan-Mahmoud....................	40	lits
Sirkedji (1)	80	»
Anadolou-Hissar...................	40	»
Cheihzadé-bachi (hôpital-Layard).....	80	»
Total, Turkish-Compasionate-Fund...	240	»
Commission Internationale ...	790	»
Commission médicale........	1400	»
Total des lits........	2430	

Il faut noter que tout ce nombre de lits était entretenu par la commission médicale et par chacun des comités ; mais dans plusieurs circonstances leurs dépenses étaient réunies ou faites alternativement.

Ainsi, 2430 lits installés sur les différents points de concentration étaient mis au service des réfugiés.

En présence de tant de milliers de malades, ce nombre de lits devait naturellement être insuffisant ; mais il n'était pas possible de faire davantage, car tout manquait et tout était à faire. D'ailleurs, nombre de lits restaient parfois vides à cause de la répugnance des malades à se faire transporter aux hôpitaux, au point que, dans certains cas, l'intervention même de la police ne suffisait pas à persuader les réfugiés de s'y rendre, et parfois aussi les hommes de service ont risqué de s'attirer de la part des parents des malades un mauvais parti.

Les hôpitaux ont fonctionné plus ou moins longtemps selon les besoins. Créés d'une manière précipitée, on ne pouvait pas prétendre y trouver les conditions que l'on eût exigées dans des

(1) Le Croissant-Rouge y était pour l'installation et un mois d'entretien.

temps ordinaires, et la disposition des édifices qu'on y affectait était le plus souvent peu conforme au fonctionnement normal d'un service d hôpital et aux règles de l'hygiène; d'un autre côté, la malpropreté des réfugiés et le mouvement constant des malades ne permettaient pas non plus d'atteindre une organisation meilleure. C'étaient des ambulances organisées aussi bien que le permettaient les circonstances.

Nous ne pouvons pas, malheureusement, donner ici la statistique exacte de tous les hôpitaux, la plupart d'entre eux ayant déjà fonctionné avant notre inspectorat, et parce que la commission médicale se propose elle-même de donner, en son temps, un état complet de la situation de ces établissements.

Les dépenses que la commission a faites jusqu'au 18 novembre v. s. ont monté à 2,582,514 piastres papier, provenant des versements faits tant par la commission centrale que par le malieh, depuis le 29 mars v. s. et à 278,312 piastres en or, provenant des secours du Croissant-Rouge et des comités philanthropiques. Il faut y ajouter différents dons de médicaments et effets offerts par le Croissant-Rouge, les comités philanthropiques et par la charité privée.

Il est de notre devoir de rendre hommage au dévouement de S. Ex. Marco Pacha qui, secondé par S. Ex. le Sénateur Servicen effendi, a su mener à bonne fin sa pénible et difficile mission.

Conseil supérieur de Santé.

La commission médicale une fois constituée, a demandé au Conseil supérieur de Santé sa coopération. Le Conseil, toujours soucieux des intérêts de l'hygiène publique, répondit avec empressement au désir de la commission, en confiant aux soussignés l'inspection des trois grandes divisions de la capitale,

Stamboul, la côte européenne du Bosphore et la côte d'Asie. Mis au courant de la situation par les rapports journaliers des inspecteurs, il utilisa son influence auprès des autorités supérieures et des différentes commissions spéciales. Il intervint auprès de la préfecture de police pour faire interdire la vente des viandes malsaines, il signala chaque fois qu'il fut nécessaire, les lacunes que présentait le conseil médical, il agit auprès des comités philanthropiques pour faire diriger leurs secours sur les points où leur action devait être le plus efficace, et toujours il appela l'attention sur les dangers que devait amener l'encombrement des réfugiés.

Plusieurs cimetières interdits depuis 1865, époque du choléra, vu la grande mortalité, avaient de nouveau été mis en usage contre tous les règlements. Le Conseil intervint pour faire cesser cet abus.

Parmi les réfugiés que la commission allait faire éloigner, il y en avait un grand nombre qui souffraient de maladies contagieuses ; le Conseil intervint pour empêcher le départ des malades. Malheureusement, à cause de la confusion qui régnait dans ces moments, cette recommandation n'a pas été prise, comme elle le devait, en considération sérieuse, et des typhiques et varioleux furent transportés dans les provinces. Il en est résulté que des épidémies analogues ont éclaté partout où les réfugiés ont été disséminés. Ces faits sont signalés par les médecins sanitaires de plusieurs localités. Tel fut le cas de Beyrouth, d'Alep, de Smyrne, de Samsoun, de Sinope etc.

La situation s'aggravant de plus en plus et sans espoir d'une amélioration prochaine, le Conseil insista d'urgence sur l'évacuation des centres d'agglomération les plus compactes. Il s'adressa à cet effet à la commission supérieure de Yildiz pour solliciter son intervention dans cette grave question.

Monsieur l'Inspecteur général rédigea un rapport remarquable sur l'ensemble de la situation, en concluant que l'évacuation et la dissémination régulière des réfugiés dans les provinces était l'unique moyen d'épargner à la population de la capitale les éventualités malheureuses dont elle était menacée.

La haute commission prit en sérieuse considération les recommandations de M. l'Inspecteur général, à la suite desquelles l'évacuation commença sur une vaste échelle.

C'est par l'évacuation progressive que les réfugiés eux-mêmes et la population de la capitale, ont pu échapper aux ravages d'une épidémie générale.

A la suite de l'évacuation, la situation sanitaire s'étant améliorée d'une manière rassurante, le Conseil de Santé a supprimé le service des trois inspections qui avaient fonctionné pendant six mois, de février en juillet.

Secours privés et Sociétés philanthropiques.

Avant de parler des Sociétés philanthropiques organisées et fonctionnant régulièrement et qui ont pris rang, en quelque sorte, parmi les institutions officielles, nous croyons de notre devoir de rendre hommage aux personnes bienfaisantes qui, pour avoir prodigué leurs secours et fait la charité d'une façon privée, n'en ont pas moins acquis des droits à la reconnaissance des amis de l'humanité.

Beaucoup de personnes ont, en effet, offert spontanément leurs maisons pour servir de refuge aux émigrés, d'autres ont fait des distributions de pain, de soupes, etc, d'autres par des dons en nature ont permis d'habiller chaudement tant d'infortunés.

De tous côtés, on se mit à l'œuvre pour organiser les secours. En quelques semaines, plusieurs comités furent institués et ont travaillé activement. Nous allons successivement passer en revue toutes ces sociétés en suivant l'ordre alphabétique.

L'Alliance Israélite de Constantinople.

Cette société fut une des premières, au début du mouvement d'émigration, à envoyer des secours à ceux de ses coreligionnaires que la gravité exceptionnelle des événements et les dangers sans cesse renaissants obligeaient à quitter leurs foyers. Puis les premières alarmes passées, elle établit un service actif à la gare de Stamboul pour recevoir les émigrants. Pendant un an, l'Alliance israélite a assisté tant à Constantinople, qu'à Andrinople, Philippopoli, Varna, Choumla, Tatar-Bazardjik environ 11,000 réfugiés. Les secours en ont été largement fournis, de telle sorte que les réfugiés israélites n'ont manqué ni de logements, ni de nourriture ni d'habillements chauds pour l'hiver, et, la guerre finie, ils ont été rapatriés par les soins de l'Alliance qui n'a pas un instant failli à sa tâche.

Le Comité international de secours aux réfugiés des provinces fut institué à Constantinople au mois de janvier. C'est de toutes les institutions philanthropiques de cette époque, celle qui a eu la plus grande importance et dont l'action a été la plus considérable.

Créé sous l'initiative de personnes les plus notoirement connues à Constantinople et de MM. les Consuls des puissances étrangères, le comité international, grâce aux hautes influences mises en jeu par ses fondateurs, fut bientôt en possession de sommes considérables, qui lui permirent de réaliser en peu de temps des progrès sérieux dans l'amélioration du sort des réfugiés.

L'œuvre de ce comité mériterait les honneurs d'une étude spéciale, mais le cadre restreint de notre rapport ne nous permet guère que de signaler ses principales créations.

Le comité international a fait distribuer pendant quatre mois

2,500,000 rations par les fourneaux économiques établis à Scutari, à Thérapia, à Yeni-Keny, à Beïcos, à Phéner-Baktché et dans quatre quartiers de Stamboul.

Il a créé de toutes pièces des hôpitaux avec des services complets de médecins et d'infirmiers, à Tchamlidja, à Gul-Hané, à Phéner-Baktché, à Kadikeuy, à Beylerbey ; il a soutenu de ses moyens l'hôpital municipal de Péra, le service des Sœurs à l'hôpital français du Taxim, celui de sœur Marthe à Pancaldi et autres, il a organisé un service sanitaire dans le VI⁰ cercle, sous la direction de l'un de nous, le docteur Gabuzzi.

En somme, par son excellente organisation, par l'action de ses sous-comités fonctionnant activement à Thérapia, à Kadikeuy, à Bebek etc, le comité international a étendu ses bienfaits sur la totalité des émigrés réfugiés à Constantinople.

Mais encore ses soins ne se sont pas bornés à cette multitude d'infortunés dans la capitale, car il a exercé son action bienfaisante jusque dans les provinces, et il a envoyé des subsides aux émigrés à Rodosto, à Choumla, à Smyrne, aux monts Rodhopes.

Enfin, mettant le comble à sa noble tâche, le comité s'était proposé de rapatrier, avec l'aide du Gouvernement, un certain nombre de réfugiés, dans la limite des moyens dont il disposait encore, mais il n'a pu accomplir cette œuvre que dans une certaine mesure; quoi qu'il en soit, il a secouru tous les réfugiés sans exclusivisme et sans distinction de nationalité ni de race, et il s'est acquit des titres par son zèle infatigable à la reconnaissance publique.

Le Croissant-Rouge. Cette institution philanthropique, bien qu'exclusivement vouée au soulagement des blessés et malades des armées, a étendu une main secourable aux réfugiés de la guerre.

Les hôpitaux de Chemsi-Pacha à Scutari, l'hôpital de Gul-
hané, celui de Pacha Baktché, de Tounouzlou Pacha, de
Coumbarhané, de Tak'ii-Heddin-Pacha et Sirkédji-iskélessi, ont
eu comme chefs des médecins du Croissant Rouge. En outre,
trois médecins ont été fournis à son appel au comité international et ont servi aux hôpitaux de Phéner Baktché et de
Tchamlidja. Tous ont fait leur devoir pendant plusieurs mois,
avec un dévouement qui leur fait honneur.

Le Croissant-Rouge a fourni de nombreux secours en li-
terie complète, en habillements, médicaments et un grand
nombre de brancards. Il a de plus versé à la caisse de la
Commission médicale 2500 livres turques et des articles en
nature correspondant à une somme égale.

Comité patriarcal grec.

Lors de l'émigration de Bourgas, 3000 chrétiens, dont les
trois quarts bulgares, se sont réfugiés dans la capitale.

Ces malheureux, arrivant nus et déguenillés, furent recueillis par une commission formée sous la présidence de S. S.
le Patriarche œcuménique. La commission, composée des
principaux financiers de notre pays, disposait d'une encaisse
qui a permis de donner aux émigrés des vêtements, de la
nourriture, des logements. Quelque temps après, elle
s'associa au comité international et veilla jusqu'à la fin de
l'émigration à recueillir les orphelins abandonnés et à les
rapatrier. A ces titres, la commission grecque mérite aussi
les plus vifs éloges.

Turkish Compassionate-Fund.

Une des dames les plus respectables d'Angleterre, Lady
Burdett Cutts, émue par les événements qui ont amené
cette émigration, conçut le projet de former à Londres un
comité de secours en faveur des réfugiés et fit appel, dans
ce but, à la charité du peuple anglais.

La voix charitable de l'illustre anglaise trouva un vif écho dans le généreux pays qui s'est toujours fait remarquer par son sympathique dévouement aux grandes épreuves de l'humanité.

Les souscriptions ont afflué de toutes parts et des fonds considérables ont été recueillis au soulagement de nos réfugiés.

S. Exc. l'Ambassadeur d'Angleterre Sir H. Layard prit sous sa haute protection le comité central de Constantinople, chargé de distribuer les secours avec l'assistance de M. le Major de Winton et de M. Burtlett. Ce comité philanthropique a rendu les plus grands services pendant toute la durée de la crise.

Le Turkish-Compassionate-Fund a installé l'hôpital de Mahmoud-Pacha, de Cheihzadé-Bachi, l'hôpital de Tchamlidja et d'Anadolou-Hissar. Ces hôpitaux ont été entretenus d'une manière admirable et dirigés par les médecins les plus connus de la capitale. Le comité a pris aussi à sa charge l'hôpital des femmes de Sirkédji, qu'avait organisé et entretenu la société du Croissant-Rouge.

A ces hôpitaux il faut ajouter trois asiles dont l'un à Péra et les deux à Stamboul, créés par le Turkish-Compassionnate-Fund, qui distribuait la nourriture et des vêtements à plus de mille réfugiés lesquels, en même temps, bénéficiaient d'un service médical. De plus, sœur Marthe de l'asile latin à Pancaldi donnait pour compte du Turkish-Compassionate-Fund des repas chauds, et des agents du comité distribuaient des secours de toute nature sur les différents points de concentration des émigrés.

Il ne nous appartient pas d'entrer dans de plus grands détails à ce sujet, mais tout le monde sera unanime à rendre un haut et éclatant hommage à cette institution philan

thropique, qui a sa place bien marquée parmi les bienfai-
teurs de l'humanité.

Nous nous rappellerons toujours avec éfusion l'intérêt
que S. Exc. l'Ambassadeur d'Angleterre et Madame Layard
ont daigné témoigner à nos réfugiés. Ni le spectacle repous-
sant de leurs maladies, ni l'affreuse misère où ils croupis-
saient, n'ont pu arrêter l'élan généreux de ces deux grands
cœurs dont les Ottomans conserveront à jamais un pieux
et reconnaissant souvenir.

Le Turkish-Compassionate-Fund, après avoir employé à ces
œuvres charitables des sommes considérables, se propose encore
d'utiliser les capitaux qui lui restent en continuant ses secours, pendant les rigueurs de la saison actuelle, aux réfugiés
de la capitale et des provinces.

V.

Rapatriement des réfugiés. Mortalité. Etat actuel.

A la suite des mesures qui avaient été prises pour évacuer
les grands centres d'agglomération et pour disséminer les réfugiés dans les provinces, le Gouvernement Impérial affrètait
un grand nombre de bateaux à vapeur du Lloyd Austro-
Hongrois, une dizaine de bateaux de la compagnie Mahsoussé
et mettait également, dans le même but, à la disposition de la
commission quelques bateaux-transports de l'Amirauté.

Par ces moyens réunis, plus de 200,000 réfugiés ont été
évacués dans différents ports de la mer Noire, de la mer
de Marmara, sur les côtes de la Caramanie, de l'Asie mineure
et de la Syrie.

La compagnie du Lloyd a ainsi transporté environ 150,000 émigrés dont 40,000 de Constantinople, 20,000 de Varna, 22,000 de Dédé-Aghatch, 15,000 de Rodosto et 12,000 de Salonique, le reste l'a été par des paquebots poste de la dite compagnie

Nous devons reconnaître que la compagnie du Lloyd Austro-Hongrois, par son excellent et nombreux matériel, a sauvé, tout à la fois, le pays et les réfugiés d'une suite de malheurs, et ces services sont d'autant plus méritoires que le personnel de la compagnie a été lui-même cruellement éprouvé par les maladies contractées au service des réfugiés. Elle a eu 115 matelots malades dont 20 ont succombé, et 15 officiers également atteints dont 3 sont morts à la suite du typhus.

Répartis ainsi dans les provinces, les réfugiés ont échappé non-seulement aux maladies et à la misère qui les menaçaient encore, mais ils ont pu s'acquérir de la sorte les moyens de vivre du fruit de leur travail.

D'ailleurs, le mouvement de dissémination n'a pas encore cessé, puisque toutes les semaines des bateaux exprès en conduisent des centaines dans les provinces. Par exemple, dans l'espace des deux derniers mois, 20,000 réfugiés ont quitté la capitale à bord de cinq bateaux anglais, un bateau turc et deux transports de l'Amirauté.

Un certain nombre de réfugiés essayent maintenant de regagner leurs pays en Roumélie ou en Bulgarie, mais les événements ne semblent pas encore leur permettre de rentrer avec confiance dans leurs foyers.

Aussi, depuis l'année passée, le chemin de fer de Roumélie n'en a-t-il transporté que 25,000 (chiffres officiel).

Le Gouvernement s'est imposé pour sa part d'énormes sacrifices pour le rapatriement et la dissémination. La plus grande partie des transports s'est effectuée à ses frais, et les trois quarts des réfugiés rentrés chez-eux, par la voie ferrée, l'ont été également à sa charge. Le surplus a été ramené aux frais du Turkish-Compassionnate Fund et du comité international.

Mortalité.

Il est aisé de se faire une idée de la grande mortalité pendant la période que nous venons de traverser, par les chiffres que nous avons établis dans le cours de ce travail.

La commission centrale n'a enregistré, jusqu'au 1er Décembre, que 40,000 décès, tout en avouant qu'un nombre au moins égal n'a pu être compris dans sa statistique. Ce sont les décès des réfugiés qui n'étaient pas enregistrés sur les livres officiels, ou de ceux qui étaient entretenus aux frais des mosquées et des particuliers.

Si l'on ajoute à ce chiffre les individus qui ont péri en route lors de l'émigration, on ne serait pas loin de l'exactitude, en admettant que 150,000 personnes ont succombé pendant cette période historique.

D'après les chiffres que la commission centrale nous a donnés, il reste dans la capital 75,000 réfugiés. Ils sont repartis dans les anciens domiciles et jouissent d'un état sanitaire satisfaisant. Ils reçoivent régulièrement du gouvernement un secours de 2 piastres par jour, en exceptant les hommes de 18 à 50 ans.

Nous résumons dans le tableau qui suit le mouvement de l'émigration, la mortalité, le nombre des réfugiés rapatriés ou disséminés dans les provinces et ceux qui restent actuellement à Constantinople.

TABLEAU
du mouvement de l'émigration.

Des 500,000 personnes environ qui ont émigré des provinces de la Turquie d'Europe.

200,000 ont été disséminées dans les provinces par le transport de bateaux etc. 200,000

50,000 à peu près ont émigré à leurs propres frais, entre autres ceux qui sont passés par Rodosto et qui se sont rendus en Asie au nombre de 20,000... 50,000

25,000 sont rentrer chez eux 25,000

Admettons 150,000 décès 150,000

Total...... 425,000

Il nous reste donc....................... 75,000

réfugiés, qui représentent à peu près le nombre des émigrés encore présents à Constantinople et concorde avec le chiffre officiel de la commission centrale

500,000

CHAPITRE SUPPLÉMENTAIRE
—

Désinfection des mosquées et autres lieux publics.

La commission supérieure de Yildiz, avant de se dissoudre, avait décidé l'organisation d'un service de désinfection des mosquées et autres lieux publics occupés par les réfugiés. C'est une mesure des plus importantes qu'elle a prise, car ces

grands foyers d'infection, placés dans les centres populeux de
la ville, constituaient un danger permanent pour la santé publique. La police, l'evkaf et les comités philanthropiques
avaient bien voulu opérer la désinfection de quelques-uns
de ces foyers, mais les essais qu'ils en ont fait n'ont abouti
à aucun résultat sérieux ; attendu qu'ils ne reposaient sur aucune des données qu'enseigne la science.

La besogne d'ailleurs était énorme ; il fallait laver et désinfecter les mosquées du fond au faîte, brûler les nattes et
désinfecter les tapis qui en couvraient le sol, désinfecter
et couvrir les latrines improvisées; en un mot, il fallait
parer à toutes les chances d'éclosion future de miasmes
infectieux. Nous avons déjà beaucoup dit de la malpropreté
et de l'infection des lieux publics, pour n'avoir pas besoin
d'y revenir, qu'il nous suffise de rappeler que la tâche à
remplir était bien difficile. La direction de cet important
service fut confiée à un chimiste distinguée, le professeur
Bonkowski effendi, qui ayant sous ses ordres un nombreux
personnel et une escouade de pompiers, a parfaitement
répondu à la mission qui lui a été confiée. Il improvisa,
pour la circonstance, tout un système et des procédés pra-
tiques au-dessus de tout éloge. En voici le détail.

1° Les nattes de paille qui recouvraient le sol, après un
léger arrosage pour en rabattre la poussière, furent brûlées
dans les foyers des bains publics turcs ou sur une des places
voisines, la boue humide et nauséabonde accumulée au-des-
sous des nattes, en plaques de 2 à 3 centimètres d'épais-
seur, en était enlevée par le grattage et livrée, comme les
nattes, à la combustion :

2° Les parois intérieures des mosquées étaient lavées à
grand jet d'eau à commencer par les dômes, au moyen de
pompes très-puissantes ; sous l'action violente de l'eau qui

fouettait et fouillait toutes les parties du bâtiment, on voyait couler le long des murs une traînée de boue noirâtre et d'impuretés de toutes sortes qui étaient dirigées vers l'égout le plus rapproché.

3° On procédait ensuite à de fortes fumigations guytonniennes dans les galeries supérieures des coupoles comme dans le rez-de-chaussée.

4° Deux jours après, des vaporisations d'acide phénique étaient pratiquées moyennant des plaques de fer chauffées qu'on promenaient dans les différentes parties de l'édifice à désinfecter. La mosquée était ensuite soumise pendant dix à quinze jours à la ventilation, les portes et les fenêtres étant ouvertes. Ce délai écoulé, les mosquées étaient rendues au culte et les autres édifices à leur destination primitive.

Avant de commencer les travaux de la désinfection, Bonkowski effendi avait fait placer des appareils producteurs de chlore dans les parties les plus élevées de l'édifice. Par ce moyen il entendait préserver le personnel du service de l'action infectante typhique, et il n'en a pas été atteint.

La quantité des nattes incinérées a été considérable ; on peut, sans exagération, en évaluer le nombre pour Sainte Sophie seulement à plus de 4000. Ce chiffre ne paraîtra pas énorme si l'on tient compte que depuis 30 ans les nattes n'avaient pas été enlevées et qu'il y en avait six couches, superposées les unes aux autres cimentées par une boue durcie et éminemment infecte.

Voici les mosquées qui ont subi la désinfection :

A STAMBOUL.

Yeni-Djami, Sultan-Ahmed, Sainte-Sophie, Mahmoud-Pacha, Kilissé à Zéirek-Youkoussou, Sepsa-Latoun à Zéirek-Yokoussou, de Oun-Kaban, Ibrahim-Pacha, Atik-Ali-Pacha, Nour-Osmanié, Cheih Zadé, Hékim-Oglou-Ali-Pacha, Mourad-Pacha, Hasseki, Djerah-Pacha, Laléli, Seïd ou Soungourlou-Mehmed-Pacha, Kutchuk-Aya-Sophia.

A SCUTARI.

Djedid-Validé, Atik-Validé, Ayasma, Mehrima-Sultane, Roum-Mehmed-Pacha, Selman-Agha, Daoud-Pacha. Les grandes mosquées de Bechiktach, de Couroutschechmé, de Bébek, plus un certain nombre de petites mosquées et de nombreuses écoles, petites ou grandes ; parmi les dernières, la grande école Ruchidié de la mosquée de la Validé, sise à Ak-Sérai.

Malheureusement, aucun des khans et écuries occupés par les réfugiés n'ont pas été soumis à la désinfection par des raisons majeures.

Constantinople, janvier 1879.

MORDMANN,
GABUZZI,
STECOULI, Rapporteur.

Errata.— Lisez page 28, 16ᵐᵉ alinéa, au lieu de treize « trente » et au lieu de deux « douze. »

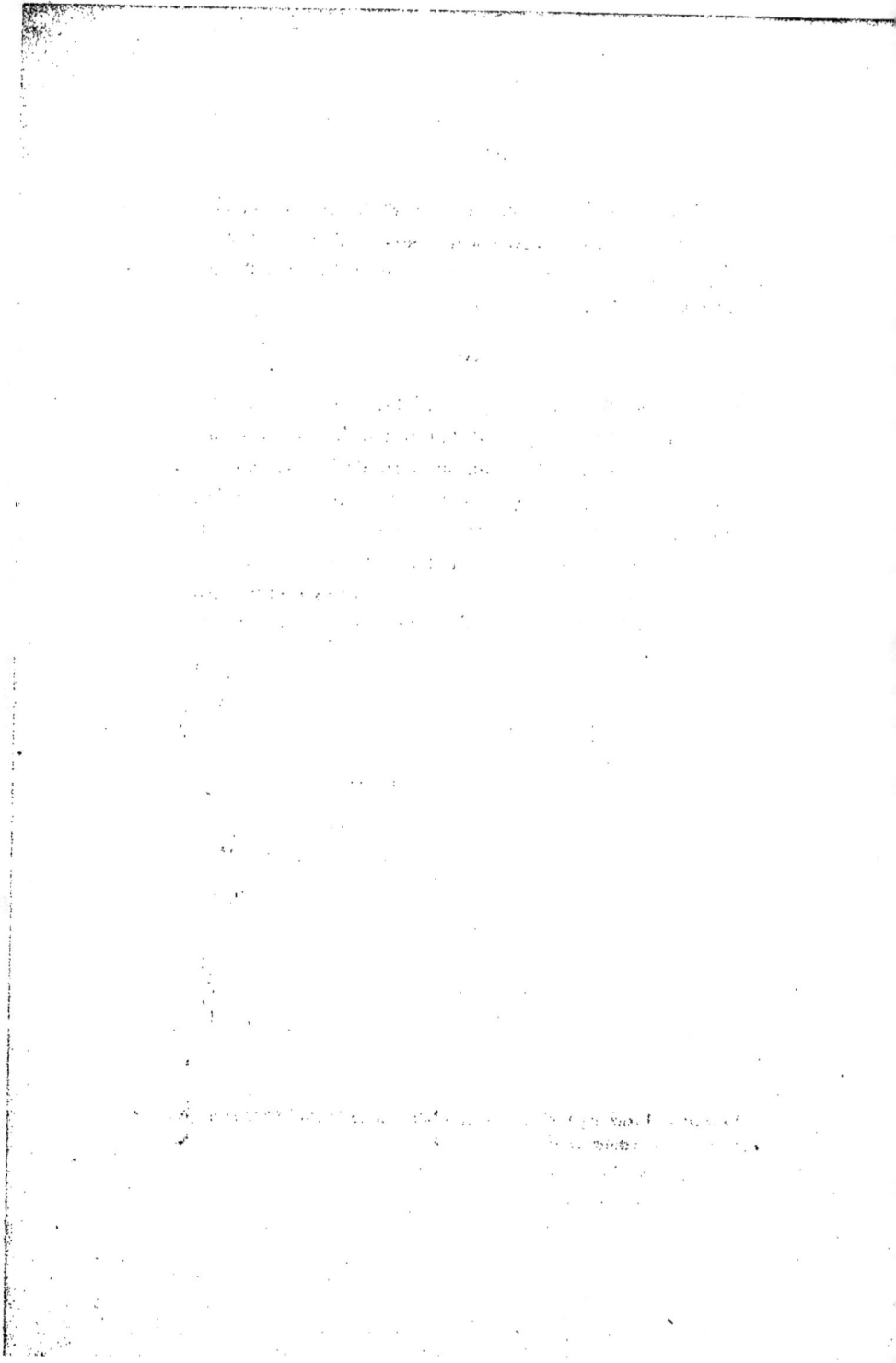

PERSONNEL MÉDICAL

Professeur D' ZOEROS BEY, médecin en chef et inspecteur.
(malade).

I.— Service à domicile.

I. Cercle.— *Sultan Bayazid.*

Naïl Ahmed	Effendi
Salih Emdjed	»
Chéref-eddin	»
Tahir	»
Simon	»
Jahyia Joussouf	» (malade)

II. Cercle.— *Sultan Ahmed.*

Ibrahim Nouri	Effendi
Djivad Chakir	»
Hassan Halim	»
Halid Chami	»
Mehmed Nouri Husséin	»
Moustapha Munif	»
Mehmed Ali Suléiman	»
Rifat Mehmed	»

III. Cercle.— *Fatih.*

Tahir Joussouf	Effendi
Mehmed Hasir	»
Mehmed Rifat	»
Ahmed Redjeb	»
Mehmed Subhi	»
Mehmed	»

IV. Cercle.— *Psamatia.*

Jorgui Yanni	Effendi
Djémil	»
Jorgui Yanni	»
Moustapha Mehmed	»
Rupen Serkis	»
Dikran	»
Moustapha Sadik	»
Halil Hassan	»

V. Cercle.— *Eyoub.*

Epaminondas	Effendi
Halil Hassan	»
Houloussi Assim	»
Houloussi Assim	»
Costi Christo	»
Faïk	»
Mahmoud, *chirurgien.*	

VI Cercle.— *Péra-Galata*

D' Bolonaki (malade) (médecin du Com. International).
D' Romano   »
D' Spadaro fils   (médecin du Turkish Comp. Fund).
D' Paspati
D' Panas
D' Stamatiadis
D' Zographos   du comité Patriarcal grec.
D' Dellaporta.
D' Zambaco.
Cohen Abraham   Effendi
Michel   »
Hatchadour Asadour   »

VII. Cercle.— *Kassim-Pacha.*

Mehmed Rifat Effendi
et les deux derniers du VIme Cercle.

VIII. Cercle.— *Bechiktach.*

Isaak Samaria   Effendi
Mihal Anastase   »
Mehmed Suléiman   »

IX. Cercle.— *Arnaoutkeuy.*

Ilia Joseph   Effendi
Askeroglu (service gratuit).

X. Cercle.— *Jenikeuy.*

Costi Christo   Effendi
Hamdi   »

XI. Cercle.— *Thérapia*

Askeroglu (même au IXme Cercle).
Moustapha Echref Mehmed Effendi

XII. Cercle.— *Sariyéri Buyukdéré.*

Askeroglou (même au trois cercles précédents).
Hussein Feïzi   Effendi
Ilia Joseph   »
Rupen Serkis   »

XIII. Cercle.— *Beïcos.*

Anton   Effendi
D' Miran

XIV. CERCLE.— *A.-Hissar.*

Rochid	Effendi
Miguirditch	»

XV CERCLE.— *Beylerbey.*

Mahmoud Ali	Effendi

XVI—XVII CERCLES.— *Scutari.*

Ali Ruchdi	Effendi
Bechan	»
Halil Ali	»
Hassan Osman	»
Mehmed Ibrahim	»
Zenop Mourad	»
Emin Hussein	»

XVIII CERCLE.— *Cadikeuy.*

François	Effendi

XX CERCLE.— *Makrikeuy.*

Ali Ahmed	Effendi

AUPRÈS DU CHEIKH SOULÉIMAN.

Epaminondas	Effendi	
Djémil Osman	»	
Halil Salih	»	Tous ces élèves en mé-
Yahya Youssouf	»	decine ont eu des servi-
Agop Miguirditch	»	ces précédemment dans
Mehmed Suléiman	»	les Cercles.
Dikran	»	

Service des Hôpitaux.

—

Dʳ Heath, des comités philanthropiques turc et internat.
» Kean   id.   id.   id.
» Zoéros Bey.
Mahmoud Hakhi   Effendi
Djémil Osman   »
Mahmoud Munir   »
Dikran Mahmoud Arif   »
Aguiah Sami   »
Ahmed Djélal   »
Mahmoud   »
Réchid Mehmed   »

ZARPHANÉ.

Dʳ Cullen (du Comité International).
Haïri Mouhi-eddin   Effendi
Naïl   »
Salim Bekir   »
Abraham David   »
Salih Eschreff   »
Mehmed Hassan   »
Masloum   »
Aguiah   »
Emdjed Salih   »

TAKHIEDDIN PACHA.

Dʳ Bermont (du Croissant Rouge).
Naoum Dimitri
Djavid Husséin   Effendi
Ali Riza   »

Abdi Raïf Effendi
Ilia Joseph »
Djémil »
Emdjed »
Hassan »

SARI-GUZEL.

D' Masloum Effendi (mort).
» Aguïah »
Abraham Nessim »

EYOUB.

Chakir Ismail Effendi
Rassim »
Auguste Ilia »
Nahid »
Costi »
Rifat Mehmed »

MATERNITÉ.

Dikran Supik Effendi
Naoum Dimitri »

MOLLAH GURANI.

D' Xanthopulo (mort)
» Ananian
Ali Riza Effendi
Moustapha Sadik »
Ahmed Djémil »
Ali »
Emin Husséin »

Tounouslou Pacha et Nakil Bend.

D' Abelés (mort)
» Limaraki
Mahmoud Zekki   Effendi
Ahmed   »
Hamdi Ali   »
Husséin Sélami   »
Salim   »
Salim Bekir   »
Mahmoud Hassour   »

Chemsi Pacha a Scutari.

D' Péticbaki (du Croissant Rouge).
» Dallas   id.   id.
Pertew Cheriff   Effendi
Spiro Marco   »
Halil Ali   »
Tevfik Moustapha   »

Mahmoud pacha.

D' Lago (service gratuit).
» Salabanda

Sirkédji Iskèlessi.

D' Lagoudaki (du Croissant Rouge).

Chehzadédachi.

D' Lago.
» Salabanda (du Turkish Comp. Fund).

Emirghian.

Hassan Halim   Effendi
Abdi   »

PACHABAKTCHÉ-INDJIRKEUY.

Dr Antoniadis (du Croissant Rouge).
Osman Mehmed   Effendi
Hosséin Ali   »
Ahmed Ali   »

A.-HISSAR.

Dr Cambourogln (des Comités philanthropiques).
» Anton Isibanian
Djavid   Effendi
Salim Bekir   »
Miguirditch   »

TCHENGUELKEUY.

Dr Cambouroglu (le titulaire de A. Hissar).
» Dalmedigo
Michael   Effendi
Mehmed   »

TCHAMLIDJA.

Dr Lymas (du Comité international).
Emin Hussein   Effendi

ALEM-DAGH.

Dr Carabet Capamadjian.
David Missak.
Epaminondas.

CADIKEUY.

Dr Werry (du Comité international).
Francos   Effendi

PHENERBAKTCHÉ.

Dr Heath (du Comité International).
Abdi   Effendi.

Cette liste nous a été donnée par S. Exc. Marco pacha et
par les comités philanthropiques.

N.B.— Nous faisons remarquer que plusieurs médecins et
élèves ont servi successivement dans plusieurs cercles et différents hôpitaux. Tout en répétant les mêmes noms nous avons
tenu à signaler les différents services de chaque titulaire.

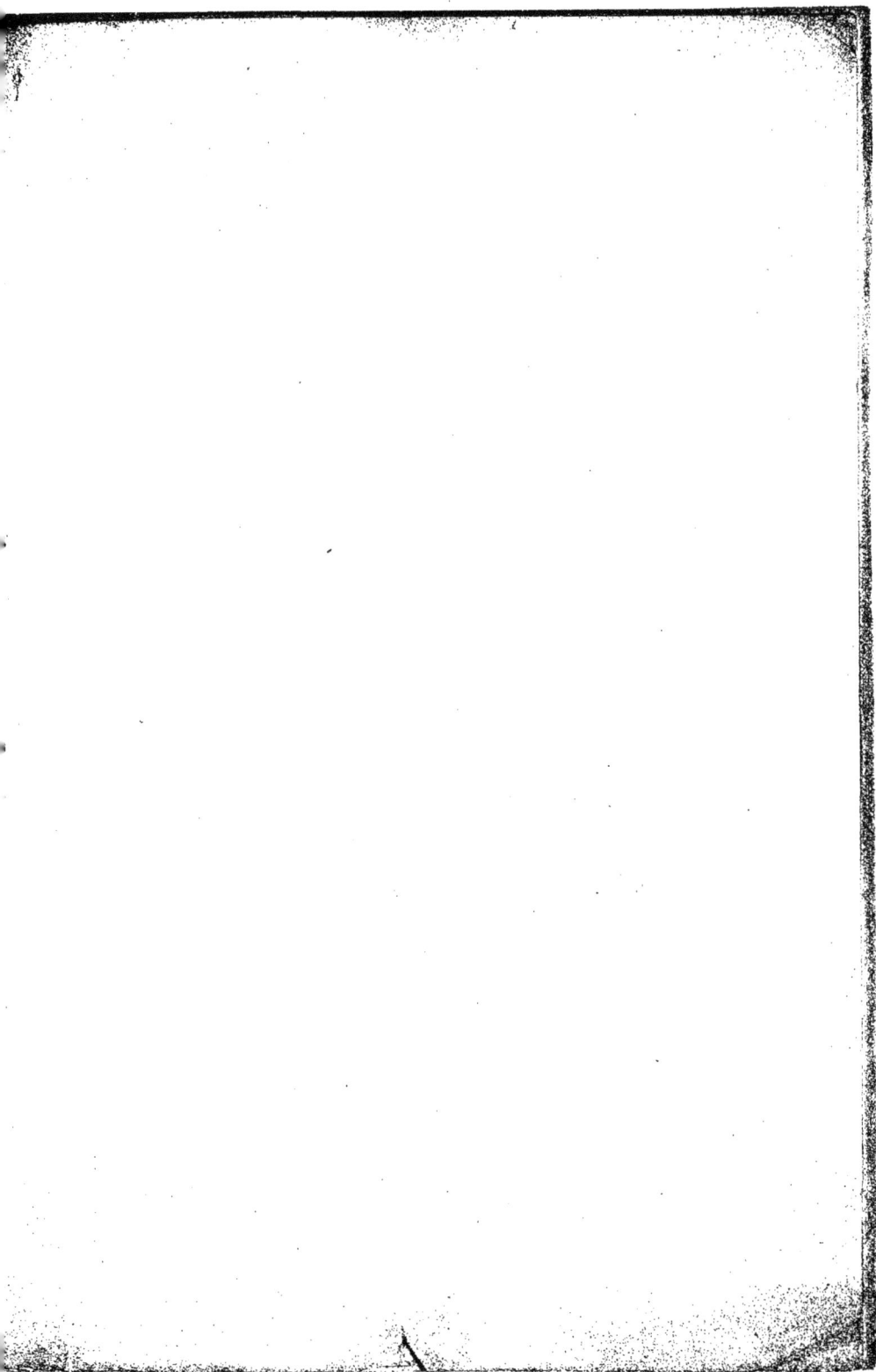

Mouvement de l'émigration.— Installation.— Hôpitaux.— Graphique de la mortalité.

Emigration.

Émigrés passés par la Capitale	300,000
,, passés par Rodosto	50,000
,, passés par Dédéagatch	50,000
,, passés par Varna, Bourgas, Baldgik	100,000
Total	500,000

Disséminations dans les provinces.

Transportés par bateaux Lloyd, etc.	200,000
,, à leur propres frais	50,000
Rentrés chez eux par chemin de fer	25,000
Restants à Constantinople	75,000
Décès (entre la Capitale et ailleurs)	150,000
Total	500,000

200,000 Refugiés restés dans la Capitale et sa banlieue (fin Décembre (1877). Janvier, Février, Mars) 1878.

Installation.			Hôpitaux.		Observations.
STAMBOUL. 120,000	1er Cercle		ZARPHANÉ	200 Lits	Nous ne pouvons pas ajouter au présent tableau le mouvement des malades, puisque les statistiques ne sont pas encore complétées par la Commission médicale.
	2me ,,		BARAQUES	200 ,,	
	3me ,,		MATERNITÉ	20 ,,	
	4me ,,		ÉCOLE DE MÉDECINE	20 ,,	
	5me ,,		SARU-GUZEL	45 ,,	
			TAKHI-HEDDIN-PACHA	80 ,,	
			TCHITCHEK-BAZAR	20 ,,	
			MOLLAH-GURANI	50 ,,	
			SULTAN-MAHMOUD	50 ,,	
			SIRKEDJI	60 ,,	
			CHEHZADÉ	80 ,,	
CÔTE D'EUROPE 30,000	6me Cercle				
	7me ,,		EMIRGHIAN	100 Lits	
	8me ,,		HOPITAL RUSSE	40 ,,	
	9me ,,		,, MUNICIPAL	40 ,,	
	10me ,,		,, SUISSE	20 ,,	
	11me ,,		,, DE LA PAIX	20 ,,	
	12me ,,		INDGIRKEUY-PACHABAKTCHÉ	60 ,,	
			TCHENGUELKEUY	40 ,,	
			SCUTARI-CHEMSI-PACHA	100 ,,	
CÔTE D'ASIE 50,000	13me Cercle (Beycos)	2,200			
	14me ,, (A.-Hissar)	5,500	TCHAMLIDJA et TOPHANÉOGLU	95 Lits	
	15me ,, (Beylerbey)	5,800	ALEMDAGH	60 ,,	
	16me ,, { Scutari	32,000	CADIKEUY	40 ,,	
	17me ,, { Alemdagh		PHENER-BAKTCHÉ	60 ,,	
	18me ,, (Cadik. F.-Bacht.)	5,000			

GRAPHIQUE DE LA MORTALITÉ

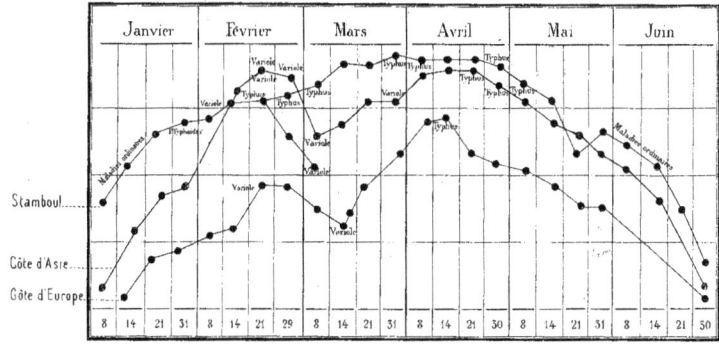

www.ingramcontent.com/pod-product-compliance
Lightning Source LLC
Chambersburg PA
CBHW070933280326
41934CB00009B/1852